Elli G. Kriesch
Ötzi – der Gletschermann und seine Welt

Zu diesem Buch

Über Jahrtausende wurde er im Eis der Hochalpen konserviert und erst im Herbst 1991 von einem Ehepaar beim Abstieg von einem Gipfel der Ötztaler Alpen in über 3200 Meter Höhe entdeckt: Der Fund des Gletschermannes, inzwischen liebevoll »Ötzi« genannt, gilt als eine archäologische Weltsensation. Nach langwierigen Ermittlungen datierten die Wissenschaftler die Leiche auf die Zeit um 3000 vor Christus. Anschaulich schildert Elli G. Kriesch die skandalösen Umstände bei der Bergung der Leiche und berichtet von den bisherigen Erkenntnissen zum »Mann im Eis«: Wer könnte der Gletschermann gewesen sein? Woher kam er? Was führte ihn in diese unwirtliche Gegend? Anhand von Einzelheiten des Fundes und von Ausgrabungen im Alpenraum zeigt die Autorin, wie die Welt vor rund 5000 Jahren aussah – ein lebendiger Blick in die Kupferzeit.

Elli G. Kriesch, geboren 1952, hat Ur- und Frühgeschichte, Archäologie und Geschichte studiert und an Grabungen teilgenommen, bevor sie anfing, für den Bayerischen Rundfunk Fernsehdokumentationen über archäologische und historische Themen zu drehen. 1993 erhielt sie den Deutschen Preis für Denkmalschutz, 1996 erschien ihr Buch »Der Schatz von Troja und seine Geschichte«.

Elli G. Kriesch
Ötzi – der Gletschermann und seine Welt

Aktualisierte Neuausgabe

Mit einem Vorwort von
Reinhold Messner

Mit 10 Farbfotos und 29 Schwarzweißabbildungen

Piper München Zürich

Aktualisierte Taschenbuchausgabe
Januar 2001
© 2001 Piper Verlag GmbH, München
Titel der Erstausgabe:
»Der Gletschermann und seine Welt«,
Carlsen Verlag, Hamburg 1992
© der Karten auf den Seiten 220–222:
Lothar Meier
Umschlag: Büro Hamburg
Stefanie Oberbeck, Katrin Hoffmann
Foto Umschlagvorderseite: Viennareport/inter TOPICS
Gesamtherstellung: Clausen & Bosse, Leck
Printed in Germany   ISBN 3-492-23193-4

Inhalt

Seltsame Begegnung
Vorwort von Reinhold Messner

Was hat man mir nicht alles unterstellt im Zusammenhang mit der Gletschermumie vom Hauslabjoch in den Ötztaler Alpen, die man später »Ötzi« nannte! Wir hätten uns einen Spaß gemacht, die Staatsgrenze manipuliert, ja sogar von Leichenfledderei wurde geredet. Der Höhepunkt: Ich hätte, um meine Südtirolumrundung spannend zu machen, eine aus Ägypten stammende Mumie an der Grenze zu Österreich im Eis vergraben, um sie später als »Sensation« finden und präsentieren zu können.

Nun, der »Mann im Eis« wurde am 19. September 1991 entdeckt, und als Hans Kammerlander und ich zwei Tage später dort vorbeikamen, waberten die Nebel so dicht, daß wir am Fundort vorbeiliefen, ohne etwas Besonderes zu sehen. Wir hatten Mühe, den Grenzsteinen zu folgen und rechtzeitig zur Similaunhütte zu kommen, wo ein Gespräch mit dem Volkskundler Hans Haid geplant war.

Erst als mir der junge Hüttenwirt von einem sonderbaren »Eisenbeil« erzählte, das man bei einer Eisleiche am Hauslabjoch gefunden und der Gendarmerie übergeben hatte, wurde ich stutzig. Ich bat ihn, die Axt zu skizzieren. Sie sah genauso aus wie die Steinäxte, die ich zwanzig Jahre vorher im Hochland von Neuguinea noch in Gebrauch gesehen hatte. Neugierig geworden, stiegen Hans Kammerlander und ich ein Stück des Weges, den wir gekommen waren, zurück, um den Toten zu sehen. Gerlinde und Hans Haid folgten.

Die dürre Leiche lag, halb ausgepickelt, auf dem Bauch, der Oberkörper zum Teil frei, die Beine im Schmelzwasser (ein Foto des Fundortes befindet sich auf der ersten Seite im Bildteil dieses Buches). Die Schuhe sahen aus wie jene Lappenstiefel, die Nomaden in Norwegen im Winter mit Heu füllen, um die arktische Kälte am Polarkreis zu ertragen. Die Reste von Ausrüstung vor Ort waren entweder nicht aus unserer Welt oder nicht aus unserer Zeit.

Wir machten ein paar Aufnahmen, und ich bat meine Begleiter um Vorsicht. Nicht aus Pietät, sondern aus Respekt vor dem Fund, der in mir mehr Neugierde geweckt als Trauer ausgelöst hatte. Zurück auf der Hütte bat ich den Wirt, dafür zu sorgen, daß die Leiche mit Eisstücken zugedeckt würde, bis Fachleute kämen, um sie zu bergen. Meiner Vermutung, bei dieser Mumie handle es sich um einen archäologischen Fund, folgte Gelächter, und in den Tagen danach begegnete man meiner Aussage mit Skepsis. In den lokalen Medien wurde ich dafür mit Häme überschüttet.

Inzwischen sind zehn Jahre vergangen, Wissenschaftler aus aller Welt und verschiedenen Fachrichtungen haben Antworten gegeben auf tausend und eine Frage, Ötzi wurde besprochen, bestaunt, berühmt. Mittlerweile hat er in einem vorbildlich gestalteten Museum in Bozen seinen Platz gefunden und liegt in einem klimatisierten Schaukasten – für den Rest seiner Jahre.

Sicher, viele Rätsel um Ötzi sind geblieben, trotzdem können wir uns heute das Leben und Überleben in den Alpen, wie es vor 5000 Jahren war, besser vorstellen als in der Zeit vor dem Fund der Gletschermumie.

Ob Ötzi zu seiner Zeit sein Winterquartier wirklich am Fuß der Burgfelsen von Juval gehabt hat, wie Professor Spindler annimmt, oder sonst irgendwo am Sonnenhang im Vintschgau – er muß, wie ich es bei Bergkulturen in Tibet, in den Anden und in Zentralafrika beobachtet habe, im Frühsommer mit seinen Herden bergwärts gezogen sein, um im Clan mit seiner Familie überleben zu können. Als Hirten, Jäger und Sammler lebten die wenigen Menschen damals wohl auch als Halbnomaden in den Alpen. Zwischen einer sicheren Stelle über der Talsohle und der Wasserscheide – dem Rhythmus der Jahreszeiten, dem Wild und den Bergkräutern folgend – zogen sie von Weideplatz zu Weideplatz, ohne ihre Wintersiedlung jemals ganz aufzugeben.

Ötzi war, was sein Handwerkszeug und die Ausrüstung angeht, auf der Höhe seiner Zeit, und auf Juval hat man beim Wegebau neusteinzeitliche Siedlungen gefunden, die als Winterquartier getaugt hätten. Ich lebe nur im Sommer dort oben, einen Tagesmarsch vom Hauslabjoch entfernt, und nicht selten hocke ich auf einer Wiese mit Blick auf den Similaun und stelle mir das Leben vor 5000 Jahren bei uns vor, als es all das, was uns Geographie, Kommunikation und Technologie beschert haben, nicht gab.

Nein, ich trauere keiner längst vergangenen Zeit nach, aber um zwei Werte beneide ich Ötzi: um sein Wissen jenseits des Wissens – von der Kraft der Morgensonne zum Beispiel, der Ausstrahlung der verschiedenen Plätze, der heilsamen Wirkung von Kräutern, Beeren und Wasser – sowie um die Freiheit des selbstverantwortlichen Halbnomadenlebens zwischen Wintersonnenwende und Gletschereis. Dieser »Gletschermann« – er ist mir inzwischen ein häufiger Begleiter geworden, wenigstens in meinen Träumen – ist und bleibt eine Bereicherung für uns alle, ein Geschenk aus einer anderen Zeit.

Schloß Juval/Südtirol, Herbst 2000

Die Entdeckung des »Jahrhundertfundes«

Es ist Donnerstag, der 19. September 1991. Phantastisches Bergwetter lockt Touristen in die Ötztaler Alpen. Auch ein Ehepaar aus Nürnberg wandert in dieser Gegend. Als es um die Mittagszeit von der Finailspitze in Richtung Similaunhütte absteigt, wissen beide nicht, daß sie in wenigen Minuten auf 3210 Meter Höhe eine für die Archäologie sensationelle Entdeckung machen werden. Sie überqueren abseits der markierten Routen ein Schneefeld, um einem Schmelzwassertümpel auszuweichen. In einer Entfernung von acht bis zehn Metern sehen sie etwas, was sie zunächst für eine Schaufensterpuppe halten. Doch beim näheren Betrachten erkennen sie einen menschlichen Kopf, der aus dem Eis ragt.

Ungefähr zehn Minuten bleiben sie an der Fundstelle. Von dem Toten machen sie ein Foto, das bei den späteren Ermittlungen noch eine große Rolle spielen wird. Die Leiche rühren sie freilich nicht an. Dagegen begutachten sie ein Stück Birkenrinde, das in der Nähe des Kopfes liegt, näher, nehmen es in die Hand und legen es wieder hin. Es ist der Rest des ersten von zahlreichen später gefundenen Ausrüstungsgegenständen des Toten: wahrscheinlich das Bruchstück einer Dose mit ovalem Boden.

Auch ein blauer Skiclip, etwa zehn bis zwanzig Jahre alt, fällt ihnen auf. Daß sie einen Bergsteiger aus der Zeit gefunden haben, als in Ägypten noch nicht einmal die erste Pyramide erbaut war, können sie nicht ahnen.

Knapp eine Stunde später melden sie ihre Entdeckung dem Wirt der Similaunhütte, Markus Pirpamer. Der informiert die österreichische Gendarmerie in Sölden und die italienischen Carabinieri in Schnals. Ebenso wird die Staatsanwaltschaft in Innsbruck fernmündlich unterrichtet, da man ein Gewaltverbrechen nicht ausschließt. Gerüchte und

Wahrheit sind zunächst nicht zu trennen. So heißt es, die Leiche sei gefesselt und habe Brandspuren am Rücken. Außerdem sei bei dem Toten ein Metallbeil, ein »alter Pickel« gefunden worden. Das stimmt.

Was sich innerhalb weniger Tage nach der Entdeckung an der Fundstätte abgespielt hat, versuchte Elisabeth Zissernig, die Mitarbeiterin des Archäologen Konrad Spindler, Wochen später zu rekonstruieren. Sie fand heraus, daß 22 Personen die Stelle unterhalb des Hauslabjochs insgesamt 28mal aufgesucht haben. Die Protokolle der Gendarmerie, die Schilderungen der anderen Bergsteiger sowie mehrere Fotos haben schließlich Licht in die Fundgeschichte gebracht. Von besonderem Interesse war natürlich das erste Bild des Nürnberger Ehepaars, auf dem der Kopf mit dem Gesicht nach unten sowie der Nackenansatz des Toten zu sehen ist: Dies also war die ursprüngliche Lage des Vorzeitmenschen im Eis.

Wenige Stunden danach steigt der Hüttenwirt Markus Pirpamer mit seinem bosnischen Küchengehilfen hinauf, um sich ein Bild von der Situation zu machen. In der Nähe des Toten bemerken beide das Metallbeil, Gamshaar und Holzstücke. Aus dem Eis ragt ein längeres Holzteil, das sich später als Bogen entpuppt. Außerdem glauben sie Überreste eines Rodels vor sich zu haben. Sie gehören tatsächlich zu einer Art Kraxe, einem Rückentragekorb. Die Verletzungen am Hinterkopf führt Pirpamer auf einen Schlag zurück.

Am Freitag, dem 20. September, schaut Anton Koler, der Leiter der alpinen Gendarmerie-Einsatzstelle Imst, nach dem Toten im Eis. Er hatte sich zuvor mit den italienischen Kollegen verständigt. Um 13 Uhr 16 trifft er mit dem Hubschrauber an der Fundstelle ein. Als Nebel aufzieht, fliegt der Helikopter wieder ab. Koler will den Toten für den geplanten Abtransport aus dem Eis holen. Ein Foto dokumentiert die Fundsituation: Bei anhaltend warmen Temperaturen war der nackte Oberkörper des Toten weiter ans Tageslicht gekommen.

Mit einem Preßluftgerät versucht Koler, den Toten freizulegen. Jedoch behindert ihn das Schmelzwasser, das aus höheren Regionen herunterfließt. Daher muß er mit seinem etwa dreißig Zentimeter langen Meißel auch unter Wasser arbeiten. Dabei hat er wahrscheinlich die linke Hüfte der Leiche verletzt. Am Rücken des Toten registriert er schwarze Striche. Fellreste in diesem Bereich entdeckt er nicht. Im Umkreis fällt ihm ein Birkenrindengefäß auf, das einen Durchmesser von ungefähr zwanzig Zentimetern besitzt. Beim Aufheben fällt Heu oder Gras heraus. Als er seine Arbeit abbrechen muß, da seinem Preßluftgerät die Luft ausgeht, macht er ein zweites Foto. Nach seiner Meinung sind wohl hundert Jahre vergangen, seitdem der Bergsteiger hier gestorben ist. Das Beil mit einer Metallspitze nimmt er mit zur Gendarmerie-Station Sölden.

Am Samstag, dem 21. September, schaut auch der Vater des Hüttenwirts, Alois Pirpamer, kurz bei dem Leichnam vorbei. Am Vormittag erhält sein Sohn einen Anruf aus Sölden: der Abtransport könne noch nicht erfolgen, da am Wochenende ein Hubschrauber für mögliche Bergunfälle zur Verfügung stehen müsse. Um die Leiche vor neugierigen Touristen zu schützen, deckt Markus Pirpamer sie mit einer schwarzen Plastikplane ab. Dabei stellt er fest, daß sich Schmelzwasser angesammelt hat. Auch ihm fällt das Birkenrindenstück auf.

Etwas später geht der Küchengehilfe mit seinem Freund nach oben. Als sie sehen, daß der Tote mit einer Folie geschützt ist, kehren sie wieder um. Doch den Freund, der den Toten noch nicht gesehen hat, plagt die Neugier so sehr, daß er ein zweites Mal hinaufgeht. Diesmal wagt er es, die Plane kurz anzuheben und einen Blick auf die Leiche zu werfen.

Wie es der Zufall will, ist auch gerade Reinhold Messner in den Ötztaler Alpen unterwegs. Bei seiner Südtirolumrundung begleiten ihn während der zwölften Etappe sein Freund Hans Kammerlander und das Ehepaar Gerlinde und

Hans Haid. Als sie in der Similaunhütte von der Entdeckung des Toten hören, steigen sie am Nachmittag in Richtung Hauslabjoch auf. Für die Volksmusikforscherin Gerlinde Haid war es ein schrecklicher Anblick. »Herr, gib ihm die ewige Ruhe«, soll sie gesagt haben.

Der freiliegende Oberkörper ist nackt. Der Kopf ruht auf geflochtenem Material, vielleicht einer Matte. Durch das Schmelzwasser hindurch schimmert das Ledergewand des Toten. Das interessiert die Wanderer so sehr, daß sie mit einem Pickel versuchen, Gesäß und Oberschenkel des Toten freizulegen. Zum Vorschein kommt eine Art Wickelhose. Ein Begleiter Messners reißt einige Lederstücke ab. Es sieht so aus, als seien Lederstreifen um die Beine gebunden gewesen. Bei den folgenden Freilegungsversuchen wird wahrscheinlich diese Bekleidung vom Körper unbeobachtet entfernt. Fragmente des Gewandes werden später aufgesammelt. Das »Schnittmuster« der eigentümlichen Beinkleider wird wohl nur mit großer Geduld rekonstruiert werden können.

Da beide Füße übereinandergeschlagen sind, sehen die Besucher nur einen Schuh, der mit Stroh gefüttert ist. Er erinnert Messner an das Schuhwerk der Lappländer. Auch an der Stelle, wo ein Holz im Eis steckt, wird nachgebohrt. Hans Kammerlander hält den Stab mit seinen Bearbeitungsspuren zunächst für einen Speer. Messner hingegen findet, daß er den Bogen in Neuguinea ähnlich sieht. Außerdem erregt ein Rundholz mit eingebohrten Löchern die Aufmerksamkeit der Bergsteiger. Es schwimmt unweit der Leiche im Wasser. Zunächst glaubt man, das Bruchstück einer Flöte vor sich zu haben. Später sollte sich herausstellen, daß es zu einem Köcher gehört.

Gerlinde Haid steckt das Birkenrindenstück mit dem nassen Heu ein. Als Wissenschaftler nach einigen Tagen die Ausrüstung sichten, vermissen sie diese Teile, denn auf Fotos sind sie zu erkennen. Mehr als zwei Monate gelten sie als verschollen, bis Frau Haid sie am 25. November den Archäologen aushändigt. Daß die Fragmente des Birkenrindengefäßes inzwischen völlig ausgetrocknet sind und dadurch ihre Elastizität verloren haben, bedauern vor allem die Restauratoren, die wenige Tage nach der Bergung zu Hilfe gerufen werden. Wahrscheinlich wird es ihnen nicht mehr gelingen, die ursprüngliche Form wiederherzustellen.

Messner glaubt, daß der Tote vor mindestens 500, vielleicht aber auch vor 3000 Jahren gestorben sei.

Ein Bekannter Messners wird am späten Samstagnachmittag hinaufgeschickt, um die Leiche zu fotografieren. Da es bereits dunkel wird, als er oben ankommt, macht er vier Blitzlichtaufnahmen, allerdings ohne die Umgebung abzulichten.

Am Abend desselben Tages informiert Messners Manager Journalisten der Südtiroler Zeitung Alto Adige vom Fund. Leider versäumt man es immer noch, Experten einzuschalten.

Als Alois Pirpamer am nächsten Tag, einem Sonntag, an der Fundstelle erscheint, ist die schützende Plane verschwunden. Wahrscheinlich hat sie der Wind weggeweht. Über den Beinen der Leiche hat sich eine Eisschicht von etwa zwei Zentimetern gebildet. Mit einer Hacke versucht Pirpamer, das Eis zu entfernen. Vom Knie abwärts bedecken noch Lederteile die Beine, und die rechte Hand des Toten ist unter einer Steinplatte eingeklemmt. Pirpamer verlagert die Leiche nicht. Nachdem er in zwei bis drei Stunden den Toten freigelegt hat, umgibt er ihn mit einer isolierenden Schicht aus Schnee und Eisschollen. In einem Sack nimmt Alois Pirpamer die aufgesammelten Holz- und Fellreste mit in sein Hotel »Post« in Vent im Ötztal. Der Gendarmerie in Sölden meldet er, daß die Leiche abtransportiert werden könne.

Danach erscheint ein von Messner gerufenes Kamerateam an der Fundstelle. Die beiden Filmleute registrieren viele Spuren im Schnee. Der Leichnam selbst bleibt unter der schützenden Isolierung verborgen. Unverrichteter Dinge steigen sie wieder hinab.

Die offizielle Bergung konnte endlich am Montag, dem 23. September, über die Bühne gehen. Da der Fundort rund hundert Kilometer von Innsbruck entfernt liegt, hätte eine Autofahrt hinauf ins Ötztal nach Vent mindestens zwei Stunden und der Aufstieg in Richtung Hauslabjoch weitere fünf Stunden gedauert. Also kam nur ein Transport mit dem Hubschrauber in Frage. Doch die Wetterverhältnisse können hier schnell umschlagen, und Windgeschwindigkeiten von mehr als hundert Stundenkilometern sind nicht ungewöhnlich.

Bei schönem Wetter kann der Bergungshubschrauber am späten Vormittag in Innsbruck starten. Mit einer Sondergenehmigung der Tiroler Landesregierung ist bereits ein Hubschrauber mit einem Team des Österreichischen Fernsehens um 11 Uhr 54 beim Hauslabjoch gelandet, als der Gerichtsmediziner Rainer Henn mit einem Helikopter des Innenministeriums wenig später in den Bergen einschwebt.

Neuschnee behindert die Suche nach der Leiche. Hüttenwirt Pirpamer ist bei der Lokalisierung behilflich. Die vierte und letzte Bergung kann endlich beginnen. In der Nacht war die Leiche im Schmelzwasser erneut festgefroren. Wieder wird der Tote freigehackt. Dabei registriert der Gerichtsmediziner Verletzungen an Hüfte und Gesäß.

Den Ausgräbern macht immer wieder das Schmelzwasser zu schaffen. Beim Versuch, es mit Skistöcken abzuleiten, stößt Professor Henn auf ein urtümliches Messer aus Stein. Er geht davon aus, daß es »ganz alt« sei. Dies und die Anwesenheit eines Fernsehteams hätten ihn ja bereits stutzig machen können. Vielleicht ist es die Kamera, die ihn beflügelt, seine vorläufige Diagnose zu inszenieren. Dabei behandelt er den unbekannten, eigentümlich konservierten Toten nicht gerade zimperlich. Den Körper wendet er von der einen Seite auf die andere. Die Leiche wird zum Demonstrationsobjekt degradiert: Bilder, die später um die Welt gehen. Sein Kommentar: »Zähne abgekaut, ziemlich abgeschliffen, teilweise mumifiziert, sicher einige Zeit an der Luft gelegen, bevor er dann ins Eis gelangt ist.« Er stellt fest, daß der Tote keine Kleider trägt. Bei seiner gerichtsmedizinischen Untersuchung der Leiche benutzt er Skistöcke, was ihm später von den Archäologen verübelt wird. Außerdem stochert er mit ihnen an der Fundstelle kräftig herum.

Auch bei systematischen Grabungen werden gelegentlich Fundstücke unerkannt zerstört; zum Beispiel dann, wenn Ausgräber mit dem Spaten das Erdreich abstechen und dabei ein Schmuckstück treffen und in zwei Teile zerbrechen. Bei einem bereits freigelegten Skelett allerdings würden Archäologen selbstverständlich sehr viel vorsichtiger vorgehen. Es könnte ja sein, daß dem Verstorbenen beispielsweise Waffen oder Schmuck auf die Reise ins Jenseits mitgegeben wurden. Erst solche Grabbeigaben geben in der Regel Auskunft über die Zeit, die Kultur, die sozialen Verhältnisse und die religiösen Vorstellungen der Welt, aus der der Tote stammt. Aber auch Menschen, die nicht ordentlich beigesetzt werden konnten, da sie verunglückten, ermordet wurden, im Krieg gefallen oder sonstwie auf ungewöhnliche Weise ums Leben gekommen waren, ohne daß sie von ihren Zeitgenossen gefunden wurden, tragen Kleidungsreste oder führen Gegenstände mit sich, die Aufschluß über die Lebens- und Todesumstände geben können.

Obwohl im Umkreis des Toten einige seltsame Gegenstände zum Vorschein gekommen waren und ein Kamerateam die Bergung filmte, behandelte der Gerichtsmediziner den Leichnam am Hauslabjoch nicht einmal wie einen Toten des 20. Jahrhunderts. Für ihn war es reine Routine. Kein Wunder, denn im Jahr 1991 tauchten insgesamt sieben Tote im Gletscher auf. Bei diesen extremen Bedingungen im Eis konnte es auch passieren, daß die verschiedenen Teile der

Ausrüstung unerkannt verlagert wurden. Wie zum Beispiel die bei den Freilegungsversuchen festgestellte Leder- oder Fellbekleidung des Toten.

Für Archäologen kann gerade die Lage der einzelnen Altertümer zueinander eine große Aussagekraft besitzen. In Ausnahmefällen läßt sich zum Beispiel erschließen, daß die Funde gemeinsam vielleicht in einem Holzkästchen im Boden eingegraben wurden, das im Laufe der Jahrhunderte vermodert ist. Möglich, daß es sein ehemaliger Besitzer vor den heranrückenden Feinden verstecken wollte und keine Gelegenheit mehr hatte, es zu bergen. Solche Fundkomplexe können Indizien für unruhige Zeiten sein, wie sie im 3. Jahrhundert nach Christus angebrochen waren, als die Alamannen die römischen Provinzen im heutigen Süddeutschland überrannten.

Die Aufgabe des Mediziners war zwar nicht die Bergung archäologischer Funde, sondern nur der Abtransport der Leiche. Der eigentlichen Bedeutung des Fundes war man sich zu diesem Zeitpunkt wohl nicht bewußt. Schließlich wurde der Tote in einer Plastikfolie verpackt und in einem Sarg nach Innsbruck transportiert.

Im gerichtsmedizinischen Institut der Universität Innsbruck registrierte man die Leiche unter der Obduktionsnummer 619/91. Bei 27 bis 28 Grad Celsius lag sie dort ab Montag nachmittag und taute weiter auf.

Am Dienstag, dem 24. September, informierte Professor Henn seinen Kollegen vom Institut für Ur- und Frühgeschichte über die geborgenen Funde. Als Professor Konrad Spindler die Ausrüstung des verunglückten Bergsteigers in Augenschein nahm, erkannte er sofort, daß dieser mindestens vor 4000 Jahren ums Leben gekommen sein mußte. Den »Pickel« aus Metall, der zunächst als Bronzebeil betrachtet wurde, und den Steindolch mit Holzgriff datierte er in den Anfang der Bronzezeit, einer Epoche, in der man lernte, Metall zu bearbeiten. Diese Geräte sprachen auch dafür, daß der im Eis geborgene Mensch ein Mann war, obwohl die Geschlechtsmerkmale auf den ersten Blick nicht zu erkennen waren.

Der Medienrummel begann. Die Schlagzeile der Abendzeitung vom 24. September lautete: »Fand Messner Eis-Toten aus Mittelalter? Tirol: Mann mit Axt im Gletscher.« Dem Österreichischen Fernsehen war der Tote am 26. September sogar einen Aufmacher in den Nachrichten wert. »Alpen-Adam«, »Ötzi«, »Rocker aus der Vorzeit« und »Frozen Fritz« wurde er getauft. Zweifel am Alter der Leiche vom Hauslabjoch wurden in vielen Zeitungen geäußert. Auch über die »Mission« des in den Bergen Verstorbenen machte man sich Gedanken. Kritische Stimmen in einem Bericht der Abendzeitung vom 26. September 1991 mit folgenden Schlagzeilen: »Mann aus dem ewigen Eis – Sensation oder makabrer Scherz?« und »Der Alpen-Adam: einsamer Senner mit Schafherde?« Skeptisch waren zunächst viele, weil gerade Reinhold Messner, der auch dem Yeti begegnet sein will, in den Ötztaler Alpen zur Stelle war. Gerüchte und Falschmeldungen wurden abgedruckt. Zu den kuriosesten Nachrichten gehörte die in der Süddeutschen Zeitung vom 8. Oktober: »›Gletschermann‹ trug Pelz- und Kamelhaut«. Wie allerdings »Ötzi« in den Besitz einer so exotischen Bekleidung gekommen sein könnte, wird nicht erklärt.

Die Kronen-Zeitung berichtet am 28. September: »Italien will den ›Eismenschen‹«. »Der Extrembergsteiger Reinhold Messner reklamiert den Fund für Südtirol, also für Italien, obwohl seiner Meinung nach ›der Fund eigentlich der ganzen Welt gehört‹« – so die Wochenendausgabe der Süddeutschen Zeitung. Markus Pirpamer, der Wirt der Similaunhütte, hatte ja bereits am Tag der Entdeckung auch die italienischen Carabinieri informiert. Diese sollen allerdings abgewunken haben, als sie erfuhren, daß es sich um eine Mumie handelte. Auf das »Geröstel« wollten sie verzichten.

Einige Tage später, am 30. September, fragt die Abendzeitung: »Gletscherleiche: Alpen-Adam oder ›Adamo delle Alpi‹?« Am 4. Oktober ist diese Frage fürs erste beantwortet: »Ciao bello! Alpen-Adam gehört den Italienern«, meldete die Abendzeitung. Der Grenzkonflikt bewegt die Gemüter in Südtirol und in Österreich. Da es aus der Zeit vor mehr als 4000 Jahren keine schriftliche Überlieferung gibt, wissen wir nicht, welche Völkerschaften damals die Alpen bewohnten. Weder mögliche Machtbereiche noch Grenzen lassen sich für die damalige Zeit in dieser Region der Alpen erschließen.

Einige Tage nachdem die kulturgeschichtliche Bedeutung des Fundes bekannt war, diskutierten bereits die Bürgermeister der Gemeinden Vent und Schnals über eine mögliche Ausstellung des »Homo tyrolensis«, des alten Tirolers in ihren Gemeinden. Für eine Präsentation im Innsbrucker Museum Ferdiandeum sprach sich der Tiroler Regierungschef Alois Partl aus. Weitere Politiker meldeten sich zu Wort. Die Grünen in Südtirol forderten sogar die Auslieferung des Gletschermannes. Eine groteske Auseinandersetzung beginnt. Obwohl immer wieder betont wird, der Gletschermann gehöre der ganzen Welt, streitet man sich weiterhin um seine »Nationalität«. Ein Rückfall in den Nationalismus des 19. Jahrhunderts zeichnet sich ab. Das vereinte Europa liegt in den Alpen noch in ferner Zukunft.

Der Grenzkonflikt sollte nun etwa zwei Wochen nach der Entdeckung bereinigt werden. Im unwegsamen Gebiet auf über 3000 Meter Höhe versuchten Experten, den Grenzverlauf anhand von Landkarten, Skizzen und Grenzsteinen zu vermessen.

92,56 Meter soll demnach der Fundort von der Grenze entfernt auf italienischem Hoheitsgebiet liegen. Doch für die Juristen der Universität Innsbruck war das letzte Wort noch nicht gesprochen, da die Rechtslage ihrer Meinung nach nicht eindeutig ist. Österreich mußte nach dem Ersten Weltkrieg im Staatsvertrag von St. Germain-en-Laye bei Paris vom 10. September 1919 unter anderem Südtirol abtreten. In Paragraph 27 wurde als Grenze zu Italien die Wasserscheide zwischen Inn im Norden und Etsch im Süden festgelegt. Zusätzlich sollte laut Paragraph 29 des Vertrages eine Grenzkommission die Grenzziehung regeln. Insgesamt tagte das Gremium, dem jeweils ein Offizier aus Österreich, Italien und Frankreich angehörte, 111mal.

An diesen Skizzen aus den zwanziger Jahren orientierten sich auch die Vermesser im Oktober 1991. Wenn man aber den Forschungen des Glaziologen Professor Gernot Patzelt Glauben schenkt, dann war damals eine exakte Grenzziehung gar nicht möglich: Denn eine Eisdecke von etwa zwanzig Metern türmte sich auf dem Areal in der Umgebung des Fundortes. Wenn man sich auf die Wasserscheide als Grenzverlauf bezieht, also von einer natürlichen Barriere ausgeht, dann könnten die Österreicher vielleicht noch eher zu ihrem Recht kommen. Erste Beobachtungen des Glaziologen sprechen dafür, daß die Felsregion der Fundstelle zum Inn hin entwässert. Die Aussichten auf eine baldige Regelung schien zunächst jedoch gering, da die Grenzziehung auch internationales Recht berührt. Doch es blieb bei der Lokalisierung des Fundortes auf italienischem Terrain. In einem Vertrag hat Südtirol Anfang des Jahres 1992 den Forschern in Innsbruck die wissenschaftliche Auswertung zugesichert.

Nicht nur Juristen, auch Denkmalpfleger befaßten sich mit dem Fund am Gletscher. Sie reagierten überraschend schnell und stellten am 1. Oktober den Mann aus dem Eis unter Denkmalschutz, obwohl Mumien im Gesetzestext nicht erwähnt sind. Menschliche Skelette aber, die mit einem »Denkmal« eine Einheit bilden, sind schützenswürdig. Ebenso kurios klingt die weitere Begründung: Die Tätowierungen, die anfangs als Brandspuren gedeutet wurden, wertet man als »Gegenstand der gestaltenden Qualität« des Menschen. Gemeinsam mit dem Körper bilden die Bekleidungsreste, die in Fragmenten aufgesammelt worden waren, und die Ausrüstung also eine kulturgeschichtliche Einheit. Die Erhaltung des »Denkmals« liegt natürlich im Interesse der Öffentlichkeit. Eine »Veränderung« ist verboten, wobei darunter nicht die wissenschaftliche Untersuchung eingestuft wird.

Als bekannt wurde, daß die Mumie unter Denkmalschutz gestellt sei, verstummten schließlich die Gerüchte, der Leichnam werde beerdigt.

Mumien, Moorleichen und
»Männer im Salz«

Eine Woche nach der Entdeckung des »Jahrhundertfundes«, am 26. September, wollten sich der Gletscherforscher Gernot Patzelt und sein Mitarbeiter von der Situation in über 3000 Meter Höhe ein Bild machen. Kann Gletschereis, das ständig in Bewegung ist, überhaupt einen Toten so lange unversehrt konservieren? Niemand konnte sich so recht vorstellen, daß die Leiche und ihre Ausrüstung jahrtausendelang nicht verschoben oder vom Eis weitertransportiert worden war. Die übrigen Gletscherleichen des Jahres 1991 stammten aus der Zeit des Ersten Weltkrieges. Um so unwahrscheinlicher erschien das hohe Alter der Mumie, wie es von archäologischer Seite behauptet wurde.

Die Glaziologen stellten fest, daß der Tote in einer quer zum Hang verlaufenden Felsmulde gelegen hatte. Das Eis war die längste Zeit darüber hinweggeschoben worden, ohne die Situation in der Vertiefung großflächig zu verändern. Das erklärt auch die hervorragende Erhaltung des Fundes.

Die Forscher machten bei dieser Gelegenheit noch eine weitere sensationelle Entdeckung: sie fanden einen Köcher mit vierzehn Pfeilen. Hätte nicht das Eis den Fellsack und seinen Inhalt zugedeckt, so wären lediglich die Pfeilspitzen erhalten geblieben. Denn organisches Material wie Holz, Leder oder Fell zerfällt allmählich an der Luft oder in der Erde. Dies ist ein Beispiel dafür, wie fragmentarisch im allgemeinen Gegenstände des täglichen Gebrauchs aus längst vergangenen Zeiten überliefert sind und uns so oft ein ganz einseitiges Bild vom Leben unserer Vorfahren vermitteln. Der Köcher mit seinem Inhalt ist also eine archäologische Rarität.

Andreas Lippert, damals am Institut für Ur- und Frühgeschichte in Innsbruck, plante daraufhin eine Nachuntersuchung an der Fundstelle. Schon früher hatte er Ausgrabungen in so hohen Regionen bei ähnlich extremen Bedingungen geleitet. Aus Südtirol kam schließlich grünes Licht für diese Aktion. Nachdem das Wetter tagelang schlecht war, konnte das Team um Professor Lippert endlich am 3. Oktober aufsteigen. Mit von der Partie waren Studenten sowie Gletscherforscher und Vermessungstechniker. Letztere sollten die Höhenschichtenlinien der rund zwanzig Meter langen Felsvertiefung erfassen. Die Glaziologen interessierten sich für Eisproben, die ja aus der Zeit vor rund 5000 Jahren stammen können. Die darin möglicherweise eingeschlossenen Blütenpollen dürften zahlreiche Informationen über die Vegetation der damaligen Zeit liefern. Sie werden später bei den botanischen Untersuchungen eine Rolle spielen.

Doch das Hauptziel der Expedition war die möglichst genaue Lokalisierung der Funde: Wo hat der Tote gelegen? Wo hatte er seine Habe abgelegt? Orientierungshilfen waren Fotos und Schilderungen der bereits erwähnten Personen. Danach kamen die Archäologen zu folgender Rekonstruktion der Fundsituation: Am Ostrand der etwa 2,5 bis drei Meter tiefen und etwa fünf Meter breiten Felsmulde lag der Tote, ausgestreckt auf dem Bauch. Sein Kinn war auf dem unnatürlich weit nach rechts abgewinkelten linken Arm gestützt. Den rechten Arm hatte er von sich gestreckt. Die Fell- und Lederreste, die in nächster Nähe des Körpers gefunden worden waren, müssen zu seiner Bekleidung gehört haben. Ebenfalls in geringer Entfernung hatte man den Feuersteindolch entdeckt, rund eineinhalb Meter südlich des Körpers das Birkenrindengefäß, das sich Frau Haid als Souvenir mitgenommen hatte. Einen weiteren Meter davon entfernt, auf einem Felssockel am Ostrand der Mulde, waren das geschäftete Beil, zahlreiche Schnüre, die hölzernen Überreste der Rückentrage sowie ein stark zerfallenes Tierfell zum Vorschein gekommen. Der hölzerne Bogen hatte am Felsabsatz gelehnt. An der Westseite der Felsvertiefung war der Köcher aufgetaucht.

Das Arbeitsmaterial für die Nachuntersuchung wurde von einem Hubschrauber eingeflogen, den das Österreichische Fernsehen finanzierte. Als wichtigstes Instrument erwies sich ein Dampfbohrer. Bevor er eingesetzt werden konnte, mußten die Ausgräber erst den Neuschnee entfernen. Darunter war eine Eisschicht von sechzig bis achtzig Zentimeter Höhe. Vorsichtig tasteten sich die Archäologen mit dem Bohrer an die Fundstelle heran. Vor Augen hatten sie zunächst einen »gestörten Befund«: eine aus ihrem Zusammenhang gerissene, durchwühlte Fundstätte. An der Stelle, wo der Tote gelegen hatte, fanden sie weitere Fell- oder Lederreste. Zur großen Überraschung der Wissenschaftler war die dreißig mal vierzig Zentimeter große »Grasmatte« noch intakt, auf der der Kopf des Toten geruht hatte und die bereits Messner und seine Begleiter gesehen hatten. Professor Lippert hielt sie für eine Art Schultertuch. Auch ein Netz aus gedrehten dicken und dünneren Schnüren hatte die Jahrtausende überdauert. An der Stelle, wo das Fragment des Bogens geborgen worden war, tauchten weitere Schnüre und Fellreste auf. Man nahm an, daß das abgebrochene Stück des Bogens noch im Eis steckte.

Auch verkohlte Holzreste und angebrannte Knochen vom Halswirbel eines Steinbocks hat man gefunden. Also hat sich der einsame Wanderer hier oben ein Feuer angefacht und Fleisch gebraten. Damit hätten wir erste Hinweise auf die letzte Mahlzeit, die er zu sich genommen hat.

Kein Zweifel besteht nach Andreas Lippert daran, daß der Bergsteiger vor rund 5000 Jahren die wertvollsten Stücke seiner Ausrüstung am Rand der Felsvertiefung verteilt und sich dann möglicherweise erschöpft mit dem Gesicht direkt auf dem harten oder eisigen trockenen Untergrund gelegt hat, was allerdings nicht die ganz unnatürliche Haltung des linken Arms erklärt.

Als die Wetterverhältnisse schlechter wurden, brachen die Wissenschaftler nach drei Tagen die Notbergung ab. Immerhin waren sie noch auf Schichten gestoßen, die von den Bergungsversuchen unberührt waren.

In der Hoffnung auf weitere Funde planten sie deshalb schon damals eine zweite, noch gründlichere Untersuchung der Fundstelle, die Anfang Juni 1992 von Südtirol offiziell genehmigt und am 20. Juli begonnen wurde. Nachdem der vorhergehende Winter der seit Jahren schneereichste in Tirol war, lag zu diesem Zeitpunkt immer noch hundert Zentimeter Schnee. 600 Tonnen Schnee mußten deshalb beseitigt werden. Das Schmelzwasser wurde gefiltert, damit ja kein noch so kleines Fragment übersehen werde. Dabei wurden ein Fingernagel, Gewebereste von der Hüfte, Heu, Fell, Tierexkremente, das abgebrochene Bogenstück und eine Mütze aus Fell mit Kinnbändern geborgen.

Die schützende Isolierung durch das Eis und der Lage in der Felsrinne verdanken wir es, daß die Ausrüstung des vorgeschichtlichen Bergsteigers so vorzüglich erhalten ist. Sie ist für die Archäologie deshalb so bedeutend, weil sie Aufschlüsse über das Alltagsleben der Menschen in der Vorzeit gibt. Bestattete bekamen meist das mit ins Grab, was ihnen zu Lebzeiten wichtig und wertvoll erschien: Waffen und Schmuck, die durchaus wichtige Informationen über Modeerscheinungen, über das Kunsthandwerk der damaligen Zeit oder über die Position des Verstorbenen innerhalb der Gemeinschaft liefern können. Die Grabbeigaben wählte man jedoch nach bestimmten kultischen Vorstellungen aus, während der vorgeschichtliche Gebirgsgänger mit seinen Kleidern und seiner Ausrüstung mitten aus dem Alltag gerissen wurde.

Der Gletschermann war sehr gut auf das Leben im Hochgebirge vorbereitet. Gegen die Kälte war er sowohl mit strohgefütterten Lederschuhen als auch mit Fellkleidern gewappnet. Er führte mit sich einen Feuersteindolch, ein Kupferbeil, einen Bogen, einen Köcher mit vierzehn Pfeilen, eine Gürteltasche, ein Rückentragegestell sowie zwei Gefäße aus Birkenrinde.

Die gute Erhaltung der Ausrüstung erklären die Wissenschaftler mit der jahrtausendelangen Konservierung durch das Eis. Doch worauf führt man den erstaunlich guten Zustand der mumifizierten Leiche zurück? Normalerweise ist die Haut von Gletscherleichen weiß. Die Weichteile haben sich durch die Lagerung im Eis in sogenanntes Fettwachs umgewandelt, ihre Konsistenz ähnelt der von Gips. Daß der Gletschermann mit seiner ledrigen braunen Haut also keine normale Gletscherleiche ist, konnte man auf den ersten Blick erkennen. Auch dies hätte für den Gerichtsmediziner ein deutlicher Hinweis sein können, daß er es hier nicht mit einem Routinefall zu tun hatte.

Der seinerzeit etwa 1,58 Meter große Mann vom Hauslabjoch wiegt nur noch dreizehn Kilogramm. Wahrscheinlich war sein ursprüngliches Gewicht etwa fünfzig Kilogramm. Die Haut ist über dem Skelett straffgezogen. Rapider Wasserverlust hat den Körper konserviert, Organe und Weichteile schrumpfen lassen. Der Gletschermann ist vielleicht in einen Schneesturm oder Nebel geraten und wurde schließlich vom Schnee begraben. Dafür spricht weiterhin, daß er nicht von Insekten befallen wurde; für solche Tiere war es hier oben zu kühl. Der Tote wurde »schockgefroren« und auf diese Weise mumifiziert.

Nach allem, was wir heute wissen, war es wahrscheinlich Juni, als der Mann aus der Vorzeit in die höheren Regionen aufstieg. Er wollte vielleicht den Paß über den oberen Niederjochferner unterhalb des Hauslabjochs benutzen. Von einem Seitental des Schnalstales, dem Tisental, hätte ihn dann der Weg in das Nachbartal jenseits des Alpenhauptkammes geführt, wo heute in Vent das Ötztal beginnt. Oder ging er in umgekehrter Richtung und wollte absteigen?

Was ihn genau bewegt hat, auf einer Seehöhe von 3210 Metern haltzumachen, ob es tatsächlich Erschöpfung war, wie Andreas Lippert vermutet, oder ob ihn ein Unfall am Weitermarschieren hinderte – wir werden es wahrscheinlich nicht mehr herausfinden. Allenfalls können Vermutungen angestellt werden, die sich vielleicht aus den besonderen Fundumständen und den vorgeschichtlichen Verhältnissen ergeben, soweit sie uns für diese Alpengegend bekannt sind. In einer rund fünf Meter breiten und fast drei Meter tiefen Senke hat der Bergsteiger jedenfalls Zuflucht gesucht und den Tod gefunden.

Der Körper des Toten vom Hauslabjoch war also zufällig und auf natürliche Weise mumifiziert worden, während die zeitgenössischen Ägypter, angeregt durch die Beobachtungen natürlicher Austrocknung von Leichen im Wüstensand, ihre Toten für ein Weiterleben im Jenseits künstlich mumifizierten. Zunächst entnahm man die inneren Organe, die in eigenen Gefäßen, den Kanopen, aufbewahrt wurden. Danach begann die eigentliche Mumifizierung. Dem Körper wurde in einer Natronlauge das Wasser entzogen; das konnte bis zu siebzig Tage dauern. Mit einer Mischung aus erhitzten Ölen, Bitumen, Harzen und Bienenwachs oder auch damit getränkten Leinenkissen füllte man die Körperhöhlungen aus. Danach wurde die Mumie eng mit Leinenbinden umwickelt, in die man Schmuckstücke, religiöse Texte und verschiedene Salben steckte. Das trockene Klima Ägyptens hat die Erhaltung der mumifizierten Toten noch begünstigt. Hinter dieser altägyptischen Sitte stand offensichtlich die Vorstellung, daß ein bleibender guter körperlicher Erhaltungszustand des Toten Voraussetzung für das Weiterleben der Seele sei.

Ähnlich gut erhalten sind die Moorleichen, von denen rund 1400 vor allem in Norddeutschland und Südskandinavien gefunden wurden, meist beim Torfstechen. Sie sind allerdings im Vergleich zu dem »Jahrhundertfund« vom Hauslabjoch viel jünger. Oft kann man die Epoche nicht bestimmen, aus der sie stammen, weil sie keine charakteristischen Gegenstände mit sich führen, die man zeitlich einord-

28

nen könnte. Die meisten der datierbaren Moorleichen stammen jedoch aus dem 1. Jahrtausend vor Christus, einige aus dem Mittelalter. Sie sind dank des völligen Luftabschlusses im Moor konserviert, ähnlich wie bei den Erhaltungsbedingungen des Gletschermannes unter Eis. Dazu kommt die gerbende Wirkung der Huminsäuren, die im Moor enthalten sind. Die Lagerung in extrem sauren Hochmooren kann allerdings zur vollständigen Auflösung der Knochen führen. Textilien, wie Kleiderreste und Decken, und die Haare sind oft gut erhalten. Manchmal läßt sich sogar noch die Frisur des Toten erahnen, wie zum Beispiel der sogenannte Suebenknoten, den Caesar als typisch für den germanischen Stamm der Sueben beschrieb. Sie hatten das Haar seitlich zusammengebunden.

Am 1. August 1984 kam bei Lindow in Ceshire, England, eine männliche Moorleiche mit dem Gesicht nach unten zum Vorschein. Ihre Fingernägel sind nicht nur gut erhalten, sondern gepflegt und gerundet: Anhaltspunkt dafür, daß er kein einfacher Mann gewesen sein kann. Nachdem man ihn mit zwei Schlägen einer beilähnlichen Waffe auf den Kopf betäubt hatte, war er mit einer Tiersehne erdrosselt, der Hals zwischen dem dritten und vierten Halswirbel gebrochen worden, und schließlich hatte man ihm noch die Kehle durchgeschnitten. Dann wurde die Leiche im Moor versenkt. Die Archäologen glauben, daß der Mann von Ceshire vor mehr als 2000 Jahren bei den blutigen Ritualen der Kelten geopfert worden ist, wie es die antiken Schriftsteller beschreiben. Die meisten Moorleichen sind eines unnatürlichen Todes gestorben: als Opfer von Hinrichtungen, Verbrechen, Unfällen oder als Menschenopfer.

Nicht nur das Moor konserviert Tote über Jahrtausende, auch das Salz. Bergleute haben 1577 im Stollensystem des Salzbergbaugebietes am Dürrnberg bei Hallein in Österreich einen Mann »mit Fleisch, Bein, Haar, Bart und Kleidung« gefunden. »Gelb und hart wie Stockfisch« sei die Leiche

»vom Salz so lange ohne Faulung« konserviert gewesen, weiß der Chronist zu berichten.

Der frühe Untertagearbeiter ging als »der Mann im Salz« in die Geschichte ein. Über sein Alter hat man lange spekuliert. Die Überlegungen liefen schließlich darauf hinaus, daß er wohl in der »Haydenschaft« gelebt haben müsse, also vor der Christianisierung im frühen Mittelalter. Unbekanntes Werkzeug hat man bei ihm entdeckt sowie »Beleuchtung«. Darunter verstand man damals Fackeln aus gebündelten Kienspänen, die wahrscheinlich mit Baumharz getränkt waren. Das unbekannte Werkzeug war, wie wir heute wissen, eine altertümliche eiserne Hacke, mit der der Bergmann in der Grube die Stollen auf der Suche nach salzhaltigem Gestein ausgehauen hat.

Vor mehr als 2500 Jahren haben Kelten Eisenerze abgebaut, aus denen sie ihre Werkzeuge schmiedeten. Sie arbeiteten sich damit in Stollen bis zu 350 Meter Tiefe zum begehrten Salz vor. Durch den Druck der oberen Erdschichten stürzten manche Gänge zusammen. Werden sie heute wieder geöffnet, kann man in ihnen Verunglückte und organische Substanzen, wie Exkremente, Schuhe, Fackeln und Werkzeuge mit hölzernen Griffen, finden, die sich im Salz erhalten haben.

Als man den »Mann im Salz« 1577 aus dem Berg herausgehauen hat, ist ihm ein Schenkel abgebrochen worden. Lange haben die Pfarrer darüber diskutiert, ob sie den toten Heiden auf einem christlichen Friedhof beerdigen durften. Ein weiterer Toter kam 1616 ebenfalls in Hallein zum Vorschein. In Hallstatt im Salzkammergut entdeckte man 1734 einen dritten Bergmann im Stollensystem des prähistorischen Salzbergbaugebietes. Alle drei fanden dann doch ihre letzte Ruhe auf dem Friedhof. Leider existieren von ihnen weder Zeichnungen noch genaue Beschreibungen, so daß sie keine Auskunft über diese frühe Zeit in Mitteleuropa geben können.

Mumien, Moorleichen und »Männer im Salz« gewähren Einblicke in das Schicksal einzelner Menschen, aber auch in die Zeit, in der sie gelebt haben. Im Vergleich dazu sind die Informationen dürftig, die man bloßen Skeletten ablesen kann. Bakterien und Pilze zersetzen die Weichteile des Körpers und führen schließlich zu Verwesung und Skelettierung. Manchmal ist sogar nur noch der sogenannte Leichenschatten erhalten: Die Silhouette zeichnet sich als helle oder dunkle Bodenverfärbung der Grabgrube ab. Aggressive, saure Böden zersetzen die Knochensubstanz, während Reste des Zahnschmelzes sichtbar bleiben können.

Archäologen finden meist in den Friedhöfen aus der Vor- und Frühgeschichte zahlreiche Knochenreste. Die Skelette werden dann vorsichtig freigelegt, eingesammelt und im Labor untersucht. Die Gebeine verraten häufig Alter, Geschlecht und manchmal Krankheiten. Auf das Lebensalter des Verstorbenen geben zum Beispiel der Entwicklungsstand der Zähne und der Verknöcherungsgrad der Schädelnähte Hinweise. Bei gut erhaltenen Skeletten kann das Geschlecht am Becken, an der sogenannten Sitzbeinfuge, und an der Überaugenregion des Schädels festgestellt werden. Veränderungen der Wirbelsäule sind oft auf altersbedingte Verschleißerkrankungen zurückzuführen. Interessant ist zum Beispiel die Feststellung, daß bei Skeletten des frühen Mittelalters, also aus einer Zeit vor etwa 1400 Jahren, rund die Hälfte aller Wirbel degenerative Veränderungen aufweisen. Vielleicht kann man dies mit körperlichen Betätigungen erklären, die die Menschen damals ausübten.

Nur ein Teil der Krankheiten hinterläßt überhaupt sichtbare Spuren am Knochen. So lassen sich gut oder schlecht verheilte Brüche an Skeletten leicht ablesen. Schwer zu diagnostizieren sind dagegen Tumore. Bösartige Knochentumore, die die bestehenden Strukturen zerstören, werden oft übersehen, da sie den durch die Lagerung im Boden abgeschliffenen, verwitterten Knochenoberflächen ähneln. Im frühen Mittelalter waren zum Beispiel Schädelverletzungen durch Gewalteinwirkung nicht selten. Wenn ein Schwerthieb nicht nur den Knochen, sondern auch das Gehirn traf, waren die Überlebenschancen gering. Oft kann man anhand der sichtbaren Knochenheilung erkennen, wie viele Monate oder sogar Jahre der Getroffene überlebt hatte, was sich an den scharfkantig freigelegten Zähnen des Unterkiefers nachweisen läßt. Der Mensch war dann verblutet.

Menschliche Skeletteile können aber auch Überreste von kultischen Handlungen sein, so wie die zertrümmerten Knochen aus der Felsspalte von Tiefenellern in Oberfranken (Landkreis Bamberg). Sie stammen von mehr als vierzig Individuen und sind Indizien für Kannibalismus in der Jungsteinzeit, vor rund 6000 Jahren.

Spektakuläre Entdeckungen machen die Archäologen selten bei systematischen Ausgrabungen. Sensationelles kommt meist zufällig zum Vorschein, so wie der Gletschermann und vor wenigen Jahren auf dem 2400 Meter hohen Theodulpaß in der Schweiz die schlecht erhaltenen Skelettreste eines Mannes aus dem Mittelalter.

Eine Skilehrerin aus Zermatt war 1985 mit einer Anfängergruppe in den Bergen unterwegs. Plötzlich sah sie etwas, was sie zunächst für eine Kokosnuß hielt. Als sie sie aus dem Weg räumen wollte, merkte sie, daß es ein Kopf mit Haaren war, der aus dem Schnee ragte. Weitere sehr schlecht erhaltene, abgeriebene Knochenfragmente tauchten während der nächsten vier Jahre auf. Es muß ein etwa zwanzig Jahre alter Mann gewesen sein, der hier einst vom Eis begraben wurde.

Die Fundstelle lag am Rand eines flachen Firnfeldes. Im Umkreis von hundert Metern in Fließrichtung des Eises und 25 Meter quer dazu entdeckte die Finderin immer wieder Gegenstände des Toten. Darunter waren eine Tasche aus Leder, Schuhe, verschiedene Riemen, ein prächtiger Degen aus dem 16. Jahrhundert, der Griff eines Dolches, eine Reiterpistole und ein Sortiment von Messern. Am aufschlußreichsten aber waren die mehr als 200 Münzen, die mit einer Ausnahme alle in Oberitalien geprägt worden waren. Die einzige Schweizer Münze ist genau datierbar: 1578 bis 1593. Auch Falschgeld befand sich in dem vollen Geldbeutel.

Wahrscheinlich wollte der Walliser, der in Italien als Söldner das viele Geld verdient hatte, wieder zurück in seine Heimat und hatte den kürzesten Weg nach Zermatt eingeschlagen. Dabei ist er wohl vom Weg abgekommen. Zwei Maultiere haben ihn begleitet. Das verraten sechs Hufeisen und Tierknochen.

Der Fund vom Theodulpaß besitzt gewisse Ähnlichkeiten mit dem aus den Ötztaler Alpen. Auch hier war wahrscheinlich ein einzelner im Hochgebirge unterwegs und wurde vom Eis konserviert. Im Gegensatz zum »Jahrhundertfund« aber ist er mit seiner Ausrüstung vom Eis teilweise zermalmt und über eine große Fläche verteilt worden.

Medizinische Untersuchungen

Die unbekannte männliche Leiche, die bei der Staatsanwaltschaft in Innsbruck als »Delikt: Leichenfund Ötztaler Gletscher« registriert war, lag also seit Montag, dem 23. September 1991, im Gerichtsmedizinischen Institut in Innsbruck. Als am darauffolgenden Tag ihr tatsächliches Alter bekannt wurde, gab man sie gerichtlich frei.

Inzwischen war sie bei 27 bis 28 Grad Celsius aufgetaut. Schimmelpilze breiteten sich auf der Haut aus, auf der außerdem grünlich-blaue Flecken zu sehen waren. Ähnliche Hautverfärbungen hat ein Wissenschaftler an den in Sibirien jahrtausendelang tiefgefrorenen Mammuts nach der Bergung beobachtet. Er führte die Farbveränderungen auf Verbindungen von Eisen und Phosphaten zurück, die an der Hautoberfläche austreten.

Der Gletschermann wurde einige Tage später in das Anatomische Institut der Universität Innsbruck überführt. In der Zwischenzeit hatten die Mediziner den Schimmelpilzbefall mit Fungiziden gestoppt. Die Leiche mußte schließlich in einer Kühlkammer wieder eingefroren werden, und zwar unter Bedingungen, wie sie im Eis geherrscht hatten. Ein Experte für medizinische Physik legte die Lagerungstemperatur mit minus sechs Grad Celsius bei einer Luftfeuchtigkeit von hundert Prozent fest.

Erhebliche Probleme entstanden bei der Einstellung der gewünschten Luftfeuchtigkeit. Mit der institutseigenen Eismaschine stellten Mitarbeiter Eiswürfel her. In der Kühlzelle erreichten sie damit allerdings nur eine relative Luftfeuchtigkeit von 75 Prozent. So kam man auf die Idee, den Toten in Eispackungen zu betten: Er wurde von zwei Tüchern mit Lagen von Eiswürfeln umhüllt, ohne daß er direkt mit dem Eis in Berührung kam. So gelang es, eine relative Luftfeuchtigkeit von annähernd 96 bis 98 Prozent zu erreichen.

Fühler an der Innenwand der konservierenden Kammer und am Körper des Gletschermannes kontrollierten die Luftfeuchtigkeit und die Temperatur. Für Notfälle stand eine zweite Kühlkammer zur Verfügung. Beide Kühlmaschinen waren an ein Alarmsystem angeschlossen: Über Funk waren zwei Mitarbeiter des Instituts mit dem teuren System verbunden, so daß sie über Veränderungen in der Kühlkammer sofort automatisch informiert wurden.

Wenn die Mediziner mit Mundschutz und im Operationsanzug den Toten routinemäßig unter die Lupe nahmen, mußten sie erst die mit zwei Sicherheitsschlössern versperrte Stahltür öffnen. Für ihre Untersuchungen entwickelten sie eine besondere sterile Box, in die keimfreie Luft gepumpt wurde und an deren Boden Eisschichten den Körper kühl und feucht hielten. Bei Bedingungen wie im Operationssaal schälten die Mediziner den Mann vorsichtig aus dem »Eismantel«. Der Untersuchungszeitraum durfte dreißig Minuten nicht überschreiten. Etwa 48 Stunden dauerte es, bis sich der Körper wieder von der Untersuchung »erholt« hatte. Mit einer hochsensiblen Filmkamera wurde der Zustand der Leiche ohne Scheinwerferlicht kontinuierlich festgehalten.

Unter der Leitung von Professor Werner Platzer vom Anatomischen Institut in Innsbruck arbeitete ein internationales Team von Wissenschaftlern an diesem einmaligen Forschungsprojekt mit. Jede Fachrichtung war durch zwei Experten vertreten, wodurch eine gegenseitige Kontrolle der Ergebnisse gewährleistet war. Die ersten Resultate legten sie bei der Tagung der »Arge Alp«, der Arbeitsgemeinschaft Alpen – in der unter anderem das Trentino, Südtirol, die Lombardei, Österreich und Bayern vertreten sind –, Anfang Juni 1992 in Innsbruck vor.

Bei ihren Untersuchungen beschränkten sich die Mediziner und Biologen zunächst auf die Hautoberfläche und auf die Durchleuchtung des Körpers. Schon am ersten Tag war am Hinterkopf des Gletschermannes eine Oberflächenverletzung aufgefallen, die bislang noch nicht näher untersucht wurde. Einige Wissenschaftler führen sie auf Wildverbiß zurück. Der Gletscherexperte Gernot Patzelt hingegen zieht in Betracht, daß die Mumie vielleicht schon einmal in einem ähnlich warmen Sommer nur mit dieser kleinen Stelle aus dem Eis herausgeragt und die Sonne das Gewebe hier am höchsten Punkt des Schädels zerstört hat.

Lange hat man auch darüber gerätselt, ob die Kahlköpfigkeit des Mannes auf Haarausfall zu Lebzeiten oder totale Schädelrasur zurückzuführen sei. Nach Auskunft des Gerichtsmediziners Professor Steffen Berg setzte vor der eigentlichen Mumifizierung eine Fäulnisbildung ein, bei der sich auch die Oberhaut (Epidermis) mit ihren Anhangsgebilden, Haaren und Nägeln, ablöst, so daß bei der Mumifizierung nur noch die Unterhaut (Cutis) erhalten bleibt, die schließlich eintrocknet und sich über dem austrocknenden Körper in Falten legt. Es ist also nicht erstaunlich, daß beim Gletschermann sowohl die Nägel als auch die Haare ausgefallen sind.

Der Biologe Manfred Wittig vom Bundeskriminalamt in Wiesbaden hat die verklumpten Haarreste, die man nahe der Leiche gefunden hat, unter die Lupe genommen. Dabei entdeckte er unter den Fellresten verschiedener Tiere auch einige gut erhaltene Menschenhaare. Sie waren schwarz, gewellt und bis zu neun Zentimeter lang. Unter dem Mikroskop konnte der Haarexperte neben gesunden Haaren auch solche mit einer sogenannten Haarschaftanomalie erkennen.

Inzwischen konnten in den Haaren auffällig hohe Konzentrationen von Arsen gefunden werden, die bis zu fünfzehnmal höher liegen als bei heute lebenden Menschen. Diese können sich beim Verarbeiten von Erzen und Metallen ablagern. Es sind Indizien dafür, daß der Gletschermann Kupfer verarbeitet hat.

An der verbliebenen Hautoberfläche hat der Parasitologe Horst Aspöck weder Zecken noch Läuse entdeckt. Vor Jahren konnte Professor Aspöck bei der Untersuchung der Exkremente aus den Salzbergwerkstollen in Hallstatt Reste von Würmern identifizieren, die typisch für südliche Gegenden sind und darauf verweisen, daß hier während der Keltenzeit, vor etwa 2500 Jahren, auch Bergleute aus dem Gebiet südlich der Alpen unter Tage gearbeitet haben. Daraus darf man schließen, daß damals Menschen regelmäßig die Alpen überquert und die benachbarten Völkergruppen über die Alpen hinweg rege Kontakte gepflegt haben.

Und tatsächlich fand Aspöck nach der Analyse der 1997 entnommenen Probe aus dem Dickdarm Eier des sogenannten Peitschenwurms, der heute noch in den Tropen vorkommt. Es ist ein unangenehmer Parasit, ein fünf bis sieben Zentimeter langer Wurm, der sich in der Darmwand festsetzt. Je nachdem, wie viele Würmer den Menschen befallen, kann es für den Patienten schmerzhaft sein oder nicht. Die hohe Anzahl der Eier, die beim Gletschermann gefunden wurden, lassen darauf schließen, daß er an erheblichen Beschwerden gelitten haben muß. Ob sie nur Bauchgrimmen hervorgerufen haben oder vielleicht sogar Diarrhö? Möglicherweise war er an die Schmerzen gewöhnt. Jedenfalls hinderten sie ihn nicht daran, die Berge zu erklimmen.

Noch viel aufschlußreicher aber als die Diagnose »Peitschenwurmbefall« ist das indirekte Indiz, daß damals bereits Schweine gehalten wurden. Das wäre der früheste Nachweis dieses Haustieres in Mitteleuropa. Zu dieser Annahme kommt Aspöck wegen der Ähnlichkeit des Wurms, der das Schwein befällt, mit dem Peitschenwurm. Ist dieser Parasit vom Schwein auf den Menschen übergegangen, als das Tier Einzug in die menschliche »Lebensgemeinschaft« hielt? Es ist noch eine Vermutung.

Auch ein anderer Wissenschaftler spekulierte schon lange auf die Proben des Darminhaltes. Professor Klaus Oeggl war als Botaniker an der letzten Mahlzeit interessiert. Doch davon im folgenden Kapitel mehr.

Über den Körperbau erfahren wir viele Einzelheiten vom Radiologen Professor Dieter zur Nedden. Auf Röntgenbildern und Aufnahmen der Computertomographie konnte er keinen Bruch der Schädelknochen feststellen. Auf der linken Seite des Brustkorbs beobachtete er, daß die Rippen stark eingedrückt sind. Stellenweise beträgt der Abstand vom Brustbein bis zur Wirbelsäule nur noch einen Zentimeter. Diese Knochendeformation führte er auf den enormen Druck des Eises zurück.

Auf dem Röntgenlasergerät erkannte er auf der rechten Seite des Brustkorbs, daß der obere Rippenbogen deformiert ist. Außerdem sind nur elf Rippenpaare vorhanden, das zwölfte fehlt. Darüber hinaus konstatierte zur Nedden, daß einige alte Brüche knöchern verheilt sind. War der Gletschermann auf seinen Bergtouren vielleicht einmal gestürzt und hatte sich dabei die Rippen gebrochen? Andere Brüche an den Rippen, die nicht verheilt sind, hat er sich möglicherweise kurz vor seinem Tod zugezogen. Oder sie stammen von der rabiaten Bergung.

Am Becken konstatierte der Radiologe einen erheblichen »Substanzverlust«. Beim ersten Bergungsversuch mußte Anton Koler ja mit seinem Preßluftgerät unter Wasser arbeiten. Dabei hat er wahrscheinlich nicht nur das linke Becken stark verletzt, sondern wohl auch den Kopf des Oberschenkels aus seiner Pfanne herausgerissen, was sich auf den Röntgenbildern gut abzeichnet. Auch ein Teil der inneren Organe und der Sehnen ist mit der Computertomographie gut zu erkennen. So ist zum Beispiel das Großhirn stärker als das Kleinhirn geschrumpft. Überraschend gut erhalten ist der Wirbelkanal, die knöcherne Struktur des Innenohres. Herz und Lungen hingegen sind nicht mehr sichtbar. Vorhanden ist der Meniskus im Kniegelenk. An der Wirbelsäule heben sich deutlich die Bänder ab. An ihr konnte der Radiologe eine leichte Arthrose, eine Gelenkerkrankung, diagnostizieren, ebenso Abnutzungserscheinungen an den beiden Sprunggelenken. Dies könnte für ein höheres Alter des Toten sprechen oder auf Fehlbelastungen und auf körperliche Schwerstarbeit verweisen. Heute stellen die Mediziner auch bei Sportlern, vor allem bei Fußballern, solche Gelenkerkrankungen fest. Vielleicht wäre es also näher liegend, die beginnende Arthrose mit regelmäßiger körperlicher Bewegung in Verbindung zu bringen, wie es bei unserem Gletschermann der Fall gewesen sein könnte, wenn er als routinierter Bergsteiger ständig in den Alpen unterwegs war. An einer Zehe ließen sich Erfrierungserscheinungen diagnostizieren.

Erstaunlicherweise liegen an manchen der von Arthritis befallenen Körperstellen dunkle Striche. Am Rücken des Toten waren sie bereits kurz nach der Entdeckung aufgefallen und zunächst als Brandspuren gedeutet worden. Es hat sich jedoch gezeigt, daß es sich um Tätowierungen handelt.

In drei übereinander liegenden Reihen erscheinen auf der linken Seite zwischen unterster Rippe und Becken drei Reihen von senkrechten Strichen. Zuoberst stehen vier kräftige Markierungen, darunter folgen zwei Reihen von je drei dünneren Strichen. Der Abstand zwischen der Vierergruppe und den beiden Dreiergruppen ist größer als der zwischen den beiden letzteren. Eine weitere Gruppe von drei Strichen befindet sich am rechten Fußgelenk. An einem Knie ist ein kleines Kreuz, und am linken Handgelenk sind zwei Linien eintätowiert.

Was die schwarzblauen Farbeinritzungen in der Haut sind oder bedeuten – religiöse oder kultische Zeichen, Heilungssymbole, Stammes- oder Sippenzugehörigkeit, vollzogene Initiationsriten, magische Schutzbeschwörung oder irgend etwas anderes –, läßt sich heute nicht mehr sagen. Es fehlen vergleichbare Tätowierungen aus dieser frühen Zeit. Tätowierungen spielen noch heute bei Naturvölkern als Stammes- oder Rangabzeichen eine große Rolle und haben oft religiöse Bedeutung. Auch Fest-, Kriegs- und Trauerbemalung ist bei ihnen noch üblich.

Ob in den einschlägigen Berichten der antiken Schriftsteller Herodot und Plinius über die Thraker, Daker und Sarmaten Körperbemalungen oder Tätowierungen gemeint sind, ist nicht geklärt. Auch von den Galliern ist ähnliches überliefert. Daß es in manchen Epochen der Vorgeschichte Sitte war, den Toten Ockerbrocken mit ins Grab zu geben, eisenhaltige Tonerde roter, gelber oder auch brauner Farbe, legt nahe, daß man damit wohl auch den Körper bemalt hat, jedenfalls werden diese Funde verschiedentlich so interpretiert.

Daß zumindest bei den nomadischen Skythen, die im 1. Jahrtausend vor Christus im Schwarzmeergebiet lebten, der Körper tätowiert wurde, beweist recht anschaulich der Fund aus Pazyryk im Altaigebirge Sibiriens. Dort hat sich unter einem riesigen Hügelgrab, einem sogenannten Kurgan, im Permafrost unter anderem die Mumie eines Fürsten aus der Zeit um 400 vor Christus erhalten. Der etwa sechzigjährige Mann mit typisch mongoliden Gesichtszügen war mit Salz konserviert, das ihm durch kleine Hauteinschnitte in den Körper gerieben worden war. Am Oberkörper und an den Extremitäten hatte man Tiere im skythischen Stil eingeritzt und mit Ruß gefärbt. Stilisierte Tiere, wie Schafe, Greife, teilweise in Bewegung, und Fische bedeckten wahrscheinlich früher den ganzen Körper und bewegten sich wohl, wenn ihr Träger seine Muskeln spielen ließ. Herodot schildert, daß es bei den Skythen als vornehm galt, sich tätowieren zu lassen.

Beim Gletschermann wurden 57 Zeichen oder Striche registriert, die mit pulverisierter Kohle und Wasser dunkel eingefärbt wurden. Es ist auffällig, daß sie an Körperstellen wie den Gelenken und der Wirbelsäule liegen, die ja gerade beim Gletschermann sehr beansprucht waren und auch dort Abnutzungserscheinungen und Arthritis diagnostiziert wurden.

41

Kannte man etwa schon vor mehr als 5000 Jahren die schmerzlindernde Akupunktur? Eine schlüssige Antwort auf diese Frage werden die Mediziner wohl nicht mehr geben können.

Erstaunlich an den modernen Röntgenuntersuchungen ist, daß sie Informationen liefern, ohne daß in den Körper direkt eingegriffen wird. Ein dünnes Röntgenstrahlbündel tastet die tieferen Körperregionen schichtweise aus allen Richtungen und gegeneinander versetzt ab. Die Meßdaten werden in einen Computer eingegeben, der bereits nach Sekunden ein Fernsehbild aufbaut. Darauf ist die Absorptions- oder Dichteverteilung in einem Körperquerschnitt zu erkennen. Vom Schädel wurde danach eine dreidimensionale Rekonstruktion angefertigt. Das wachsartige Schädelmodell haben die Anthropologen schließlich vermessen. Sie erhoffen sich dadurch Aufschlüsse über die Herkunft des Mannes: ob er in die Alpenregion eingewandert war oder ob er zur einheimischen Bevölkerung gehörte.

Vergleicht man die Meßdaten, die man an verschiedenen Skeletten aus derselben Epoche gewonnen hat, so können gelegentlich markante Unterschiede auftreten. Faszinierend für die Geschichtswissenschaftler ist beispielsweise, daß die Eroberungszüge der Hunnen während der Völkerwanderungszeit im 5. Jahrhundert nach Christus auch an Skelettformen ablesbar sind. In den Gräbern dieser Zeit fallen vereinzelt extrem breite Schädel mit mongoliden Merkmalen auf, wie sie für Hunnen, den Nomaden aus den Steppengebieten Innerasiens, typisch sind. Sie sind stumme, anonyme Zeugen einer Epoche des Umbruchs.

Den Schädel des Gletschermannes hat Professor Wolfram Bernhard aus Mainz mit den Tausenden vermessener Köpfe von Menschen verglichen, die ungefähr zur selben Zeit im Bereich der Alpen gelebt haben. Er konnte feststellen, daß der Mann aus dem Eis einen relativ langen und hohen Kopf besitzt, was bis jetzt keine Aufschlüsse über seine Herkunft gibt.

Professor Svante Pääbo, der zeitweise in München am Institut für Zoologie der Universität München lehrte, untersuchte die Erbsubstanz des Gletschermannes. Die DNA liefert die eindeutige Information, daß er aus Europa stammt, und zwar aus einer Region nördlich oder südlich der Alpen, immerhin eine Bestätigung der anderen wissenschaftlichen Ergebnisse.

Da die Weichteile geschrumpft sind, lassen sich keine verbindlichen Aussagen über die genaue Körpergröße des Gletschermannes mehr machen. Während Wolfram Bernhard von einer Größe von 1,59 Meter ausgeht, nimmt Torstein Sjøvold aus Stockholm eine Länge von 1,56 bis 1,58 Meter an.

Bereits um 1900 war einem Schweizer Anatomen aufgefallen, daß die Menschen des Neolithikums eher kleinwüchsig waren. Er stellte die These von den »Pygmäen, den Zwergrassen Europas« auf. Diese Beobachtung hat sich inzwischen bestätigt. Nach statistischen Berechnungen waren die Menschen damals zwischen 1,50 und 1,60 Metern groß. Zu den relativ hochgewachsenen Personen mit 1,61 Meter gehört ein Mann, der um 3000 vor Christus bei Remedello in der Nähe von Brescia, Oberitalien, bestattet wurde. Der Tote vom Hauslabjoch, ein Zeitgenosse, war also für seine Epoche nicht besonders klein geraten.

Auch sein Gebiß ist gut erhalten. Die oberen Schneidezähne sind stark abgeschliffen, was daran liegt, daß das Getreide damals auf Steinmühlen gemahlen wurde, wobei Steinmehl ins Brot gelangte und die Zähne wesentlich stärker als heute abgerieben wurden. Die Weisheitszähne waren nicht durchgebrochen, was nicht weiter außergewöhnlich ist. Ein Zahn war nicht angelegt. Untersuchungen über diese Auffälligkeit bei der damaligen Bevölkerung existieren bislang nicht. Allerdings registrieren Zahnärzte bei fünf bis acht Prozent der lebenden Bevölkerung das Fehlen einzelner Zähne, und zwar häufiger in unteren sozialen Schichten.

An den Oberschenkelknochen konnten die Professoren Othmar Gaber und Torstein Sjøvold das Alter etwas genauer ablesen, als man es bisher geschätzt hatte. So kamen die beiden zu dem Ergebnis, daß der Gletschermann wohl ein Alter zwischen vierzig und fünfzig Jahren erreicht hat.

Faszinierend sind die Ergebnisse, die anhand eines Fingernagels im Institut für Orthopädie der Universität Wien und von Dr. Luigi Capasso von der Archäologischen Denkmalpflege der Abruzzen in Chieti gewonnen wurden. Drei dunkle Linien spiegeln Wachstumshemmungen, die auf extreme Streßsituationen zurückgeführt werden können. Innerhalb der letzten fünf Monate vor seinem Tod haben sich offensichtlich drei Ereignisse zugetragen, die den Gletschermann unter einen enormen Druck gesetzt haben. Stehen sie in Zusammenhang mit seinem Tod? Haben sie ihn veranlaßt, sich in die Berge zurückzuziehen? Die medizinischen Ergebnisse sind sehr aufschlußreich. Doch der Gletschermann gibt nicht alle Geheimnisse preis, auch nicht die Ursache seines Todes.

Die Ausrüstung

Das Beil war das erste Fundstück, das bereits bei der Bergung der Mumie als sehr altertümlich erkannt wurde. Doch was sich alles von der staunenerregenden Ausrüstung des Gletschermannes erhalten hatte, kam erst nach und nach zum Vorschein. Als die Gegenstände schließlich im Gerichtsmedizinischen Institut neben der Mumie präsentiert wurden, mußte man befürchten, daß sie, ebenso wie der Körper des Toten, unter dem heißen Scheinwerferlicht und den hohen Raumtemperaturen von 27 bis 28 Grad Celsius leiden, schließlich austrocknen und nach längerer Lagerung zerfallen würden.

Erfahrungen mit der Konservierung organischer Materialien hatte man weder in Innsbruck noch in Wien. So rief Professor Spindler die weltweit renommierten Restauratoren des Römisch-Germanischen Zentralmuseums in Mainz zu Hilfe. Schon 1852 hatten deutsche Geschichts- und Altertumsvereine diese Sammlung als Forschungseinrichtung gegründet, in der die bedeutendsten Funde der europäischen Vor- und Frühgeschichte als Originale oder Nachbildungen aufbewahrt werden.

In den letzten Jahrzehnten haben ihre Restaurierungswerkstätten internationalen Ruf erlangt. Zu den eher exotischen Aufträgen gehörte die Behandlung der wertvollen Funde eines Inka-Fürstengrabes aus Peru. Eine eigene Werkstatt für die elf römischen Schiffe, die 1981 am Mainzer Rheinufer entdeckt wurden, wurde vor einigen Jahren in Betrieb genommen.

Als die Restauratoren unter der Leitung des Tirolers Markus Egg nach Innsbruck kamen, mußten sie sich erst einmal auf die ungewöhnliche Situation in der Gerichtsmedizin einstellen. Provisorisch feucht gehalten, wurden die Funde in den Kühlschränken des Instituts aufbewahrt. Am 3. Oktober 1991 traten sie die Reise nach Mainz an, wo sie fachgerecht und kostenlos soweit als möglich wiederhergestellt und konserviert wurden.

Von der Kleidung des Gletschermannes scheinen viele Teile zu fehlen; offensichtlich sind sie vom Wind weggeweht worden, was auch erklären würde, daß er mit dem Oberkörper nackt aus dem Eis kam.

Eine Art dreiviertellanger Mantel war wie ein Patchwork aus meist rechteckigen Fellteilen mit Garn aus Grasfasern zusammengenäht. Markus Egg sind dabei einige grobe Flickstellen aufgefallen. Er leitet daraus ab, daß der Mann wohl schon längere Zeit unterwegs war und die aufgerissenen Nähte, die ursprünglich von einer Hand sorgfältig zusammengesetzt waren, notdürftig selbst repariert hat. Die Hose oder die Wadenumwicklung aus Leder oder Fell, die Messner und seine Begleiter beobachtet hatten, wird hoffentlich nach der Restaurierung der einzelnen Teile wieder komplett zusammengesetzt werden können.

In den Fellresten fand man auch eine hervorragend erhaltene Hirschlausfliege, einen blutsaugenden Parasiten. Für Professor Grothe vom Institut für Parasitologie der Universität München ist es das älteste Exemplar, das er je untersucht hat. Ähnlich wie die Zecken lassen sie sich von Bäumen auf darunter vorbeilaufende Tiere, wie Hirsche, Wildschweine und Füchse, fallen und saugen ihr Blut.

Der »alte Pickel«, für Konrad Spindler nach der Bergung der einzige genauer datierbare Ausrüstungsgegenstand, war noch fest in seinem Holzgriff montiert. Übrig bleibt von solchen Geräten im feuchten Europa sonst nur die Metallklinge, während Holz und andere organische Materialien wie die Lederschnüre, mit denen die Schäftung umwickelt ist, schon nach wenigen Jahren verrotten.

Das Metall, das man ursprünglich für Bronze gehalten hatte, ist tatsächlich Kupfer. An der Oberfläche der 200

Gramm schweren und 9,5 Zentimeter langen Klinge erkannte der Metallurge, das heißt ein Fachmann für Metallanalysen, mit Hilfe von Röntgenstrahlen, daß sie aus fast reinem Kupfer mit einem Anteil von 0,2 Prozent Arsen und 0,1 Prozent Silber besteht. Arsen kann gemeinsam mit Kupfer vorkommen oder diesem zugesetzt werden. Diese Zusammensetzung kommt in den Lagerstätten in Südtirol und im Trentino natürlich vor. Arsen härtet das Metall, erhöht die Qualität des Gusses und erleichtert die Bearbeitung mit dem Hammer.

Die Kupferklinge wurde wahrscheinlich zunächst gegossen, dann zumindest die etwas breitere Schneide gehämmert. An den Seiten besitzt sie zum großen Erstaunen der Fachleute Ansätze von sogenannten Randleisten, die, vielleicht ebenfalls mit dem Hammer herausgearbeitet, der festen Führung in der Schäftung dienten und eigentlich eher typisch für die viel späteren Bronzebeile sind, weswegen Konrad Spindler den ganzen Fund zunächst auch in die frühe Bronzezeit datierte, das heißt in die Zeit um 2000 vor Christus.

Vor etwa 4500 Jahren verwendeten die Menschen im heutigen Frankreich, in Italien, in der Schweiz, in Norddeutschland und in Bulgarien ähnliche Beile aus Kupfer und Bronze – Allzweckgeräte, die man sowohl als Waffen wie als Werkzeuge zum Behauen von Holz benutzte und mit denen man Pfosten und Balken für Häuser, Webstühle, landwirtschaftliche Geräte und Holzgefäße herstellte.

Der Holm aus etwa sechzig Zentimeter langem Stammholz wurde so ausgewählt, daß er in einer rechtwinkligen Krümmung und Verdickung einer Astgabel ausläuft, der eigentlichen Werkzeughalterung. Ins gespaltene Ende hat man die Kupferklinge eingeklemmt, mit Lederbändern verschnürt und mit Birkenrindenpech, dem Klebstoff der Vorgeschichte, verklebt. Die seitlichen aufgekanteten Grate, die Randleisten, dienten als Führung und verhinderten nach dem Festbinden ein seitliches Herausrutschen der Klinge.

Der Schaft besteht aus Eibenholz, das zu den härtesten europäischen Hölzern gehört und dennoch hochelastisch ist; es wurde schon in prähistorischer Zeit häufig für die Herstellung von Gebrauchsgegenständen und Waffen verwendet. Die Oberfläche unseres Exemplars ist sorgfältig bearbeitet und geglättet.

Im Gegensatz dazu ist das 1,42 Meter lange Bogenfragment, ebenfalls aus Eibenholz, noch relativ roh und zeigt deutliche Bearbeitungsspuren, die wohl vom Kupferbeil herrühren, wie die Breite der Schnittspuren nahelegen. Auch fehlt die Kerbe für die Bogensehne am verdickten Griffteil. Das andere Ende war abgebrochen und steckte noch im Eis. Der Bogen war tatsächlich 1,82 Meter lang. Außerdem stellten die Botaniker in Innsbruck fest, daß sich kein Abdruck der Bogensehne erkennen läßt, so daß man mit Gewißheit sagen kann, daß diese Waffe nie benutzt worden ist.

Der Gletschermann trug also einen halbfertigen Bogen mit sich, den er aber jederzeit mit wenigen Handgriffen hätte vollenden können. Entweder stieg er gerade aus dem Schnalstal auf und hatte sich in einer Höhe bis 1200 Meter – so hoch wächst die Eibe – einen passenden jungen Stamm mit seinem Kupferbeil geschlagen, um aus ihm einen Bogen zu arbeiten, wann immer er Rast machte, oder er hatte seinen Bogen verloren oder zerbrochen und war abgestiegen, um sich geeignetes Holz für einen neuen zu besorgen.

Vierzehn Pfeile steckten in einem länglichen Köcher aus Leder oder Fell, dessen Haare ebenfalls großteils ausgefallen sind. Er war an der Seite mit Lederriemen verschnürt und zur Stabilisierung mit einer Haselrute verstärkt. Als Verschluß diente eine halbrunde Klappe.

Von den vierzehn 85 Zentimeter langen Pfeilschäften, Ruten des Wolligen Schneeballs, sind nur zwei fertiggestellt. Sie tragen Reste einer relativ großen dreiteiligen Befiederung, die mit Birkenpech und Fäden befestigt war. Sie sollte eine höhere Treffsicherheit gewährleisten und die Flugbahn stabilisieren. Professor Jochen Martens vom Institut für Zoologie der Universität Mainz konnte als Lieferanten für die Federteile folgende Vogelarten in die engere Wahl ziehen: Schwarzspecht, Alpendohle, Alpenkrähe, Kolkrabe, Auerhahn, Waldrapp, Steinadler, Mönchsgeier, Schmutzgeier oder Gänsegeier. Die ursprünglich in ausgesparten Schlitzen mit Birkenpech und Umwicklung am Holzschaft montierten steinernen Pfeilspitzen waren abgebrochen, wahrscheinlich nach dem Tod des Gletschermannes.

Die übrigen zwölf sind weitgehend unbearbeitet. Sie sind am einen Ende glatt abgeschnitten, mit einer Kerbe versehen und von der Rinde befreit. Der unfertige Zustand auch der weitaus meisten Pfeile erhärtet die These, daß der Gletschermann gerade erst den Aufstieg begonnen hatte. Im Tal hatte er Holz für Pfeile und Bogen geschlagen, das er bearbeitete, wenn er sich ausruhte oder einen Rastplatz für die Nacht gefunden hatte.

An einen sofortigen Einsatz der Schußwaffen dachte der Gletschermann offensichtlich nicht, sonst hätte er länger im Tal verweilt, um sie erst einmal fertigzustellen, bevor er sich in diese Höhen begab. Wenn aber der Bogen verlorengegangen oder zerbrochen war, der Gletschermann also abgestiegen wäre, um neues Rohmaterial zu besorgen, wären mehr fertige Pfeile, die alten nämlich, erhalten gewesen. Daß er beides, Bogen und Pfeile, auf einmal verloren haben soll, spräche gegen die Umsicht des Gebirgsgängers, die man aber bei ihm, der mit den Verhältnissen in den Bergen bestens vertraut war, voraussetzen muß.

Wenn er aus irgendeinem unerfindlichen Grund, einem Zufall vielleicht, zusammen mit dem Bogen auch die Pfeile verloren hätte, dann bliebe es rätselhaft, warum der Köcher erhalten ist. Nein, dies alles spricht dafür, daß der Gletschermann mit unfertigem Schießgerät aufstieg, das er unterwegs vollenden wollte, denn diese Arbeit ging ihm wohl leicht und schnell von der Hand, wie Vertreter der experimentellen Archäologie heute herausgefunden haben. Doch davon später mehr.

Auf den Röntgenbildern des Köchers zeichneten sich noch weitere Gegenstände ab, unter denen insbesondere vier zehn bis fünfzehn Zentimeter lange Geweih- oder Knochenspitzen auffielen. Bei der Öffnung des Köchers im Dezember 1991 stellte sich heraus, daß sie mit Grashalmen zusammengebunden und verknotet waren. Wahrscheinlich laufen sie vorne und hinten in Spitzen aus. Doch man hat sie zunächst nicht unter die Lupe genommen, da sie mit den umgebundenen Gräsern konserviert wurden. Lange hatten die Archäologen solche von der Form her ganz einfach gearbeiteten Spitzen für viel älter gehalten, sie galten als Zeugnisse des Paläolithikums, der Altsteinzeit. Vor kurzem stellte sich allerdings heraus, daß sie noch vor rund 5000 Jahren als Pfeilspitzen in Gebrauch waren, wie neueste Funde aus der Schweiz belegen.

Eine andere Hornspitze diente wahrscheinlich als Ahle, mit der man Löcher in Leder stechen konnte. Im Köcher fand sich des weiteren eine Tiersehne, die vielleicht für den Bogen vorgesehen war. Der Verwendungszweck einer zu einem Knäuel zusammengewickelten Schnur aus Baumbast bleibt unklar.

Andere Schnüre bestehen aus Gräsern. Sie sollen, nach der vorläufigen Bestimmung, aus der Region oberhalb der Baumgrenze stammen. Ihre genaue Bestimmung wird allerdings noch längere Zeit in Anspruch nehmen. Vielleicht hat man sie teilweise als Schlingen für die Jagd verwendet.

Mit einem kleinen, etwa sieben Zentimeter langen Feuersteindolch, der im Schmelzwasser bei der Mumie lag, hat der Gletschermann vermutlich erlegtes Wild zerteilt. Die dreieckige, an den beiden Schneiden geschärfte Klinge steckt mit der einen Seite im gespaltenen Ende eines roh bearbeiteten Eschenholzgriffs. Wie man auf Röntgenaufnahmen erkennt, besitzt der Dolch eine etwa zwei Zentimeter lange Zunge, die in das Holz hineingetrieben ist. Das Holzende ist mit einer Schnur fest umwickelt. Am hinteren Teil des Griffs ist in einer Rille eine weitere Schnur befestigt. An ihr hing das Messer wahrscheinlich vom Gürtel herab. Dazu gehörte eine aus Gräsern geflochtene dreieckige Scheide, die Verletzungen verhindern sollte.

Auch eine kleine Ledertasche trug der Mann wahrscheinlich am Gürtel. Darin waren ein zugespitztes Feuersteinstück, das wohl als kleiner Bohrer diente, und eine sechs Zentimeter lange Feuersteinklinge. Daß der Gletschermann mit dem Messerchen Getreide und Gräser geschnitten hat, verrät der sogenannte Sichelglanz, eine Art Patina, die bei ständiger Reibung des Feuersteins an siliziumhaltigen Halmen entsteht. Eine weitere kleine bearbeitete Feuersteinklinge diente vielleicht zum Kerben der Pfeilschäfte.

In der Tasche fand sich weiterhin eine Ahle aus einem Röhrenknochen. Doch den Großteil füllte eine schwarze Masse aus, die man anfangs für Baumteer hielt. Sie wurde von Professor Friedrich Sauter vom Institut für Organische Chemie der Technischen Universität Wien und von Dr. Reinhold Pöder vom Institut für Mikrobiologie der Universität Innsbruck analysiert. Es handelt sich hierbei um einen Baumpilz, den echten Zunderschwamm. Daß der Gletschermann zusätzlich in seiner Gürteltasche zeitweise ein Feuerzeug mit sich führte – eine Pyritknolle, die, gegen einen Feuerstein geschlagen, Funken erzeugen kann –, das verraten winzige Kristalle auf dem Zunderschwamm.

Als die Wissenschaftler die Ausrüstungsgegenstände erstmals sichteten, hielten sie den weißlichen »Dorn« an einem zugespitzten Lindenholzstück zunächst für einen Kieselstein und sahen in dem Gerät eine Art Feuerzeug, mit dem man durch Schlagen auf einen Feuerstein Funken schlagen konnte. Die Computertomographie hat aber gezeigt, daß die Spitze fünf Zentimeter in das Holz hineingetrieben ist. Sie besteht aus weichem Material, aus Knochen oder Horn. Damit fällt die Feuerzeugtheorie. Das Gerät könnte zum Schärfen der Feuersteinklingen gedient haben. Ein weiteres Beispiel dafür, daß erste Deutungen im Verlauf genauerer Untersuchungen oft revidiert werden müssen.

Zwei getrocknete Pilze sind auf verknoteten Lederriemen aufgezogen. Man dachte zunächst, es seien Zunderschwämme, die meist an absterbenden Buchen wachsen und bis zu dreißig Zentimeter groß werden können. Sie sind ungenießbar, haben aber in getrocknetem Zustand die Eigenschaft, lange weiterzuglimmen, wenn ein Funke, geschlagen aus dem harten Feuerstein, auf sie fällt. Der Mikrobiologe Pöder von der Universität Innsbruck fand allerdings heraus, daß es sich um Birken- oder Lärchenporlinge handelt, die eine antibiotische Wirkung besitzen. Bei den Römern wurden sie, wie antike Schriftsteller berichten, gegen Nachtschweiß und Tuberkulose verwendet. Man kann sie essen, aber zum Feuermachen sind sie nicht geeignet. Falls der Gletschermann ihre heilende Kraft schon kannte, dann hat er die Pilze wohl als eine Art desinfizierendes Verbandsmaterial mitgenommen.

Rätselhaft bleibt eine kleine, weiße, durchbohrte Steinscheibe mit einem ungefähren Durchmesser von 2,2 Zentimeter, hergestellt aus Dolomit, an der mehrere Lederschnüre hängen.

Vier Holzteile könnten zu einer Art Kraxe, einem Rückentragegestell, gehört haben. Man hat sie zunächst für die Überreste eines Rodels, eines kleinen Schlittens, gehalten. In die vier Kerben an den Spitzen der beiden langen Haselnußstöcke waren wahrscheinlich die schmaleren Enden von zwei kleinen Brettchen eingefügt und, wie die Abdruckspuren von Schnüren nahelegen, dort festgebunden. In unmittelbarer Nähe fand man denn auch zahlreiche Schnüre, die diesem Zweck gedient haben könnten. Bei der Nachgrabung kamen noch dürftige Reste eines dünnen Netzes zum Vorschein, das sicherlich nur für den Transport leichter Gegenstände geeignet war.

Was der Gletschermann mit der Trage befördert hat, wurde nicht geborgen. Wenn man aber nichts finden sollte, bliebe die Möglichkeit, daß er noch auf der Suche nach dem war, was er transportieren wollte: ein Beutetier, Felle, erzhaltiges Gestein oder Handelsware, die er von einem Alpental ins andere bringen wollte. Oder hat man ihn erschlagen und beraubt? Dann hätte man sicherlich auch das wertvolle Kupferbeil mitgehen lassen.

Die beiden Birkenrindengefäße, die nur äußerst fragmentarisch erhalten sind, hatten ungefähr ähnliche Ausmaße. Das eine besaß einen ovalen Durchmesser von fünfzehn auf achtzehn Zentimetern und war mindestens zwanzig Zentimeter hoch. Mit dünnen Baststreifen waren sie zusammengenäht. Die Innenseite des einen Birkenrindengefäßes war schwarz gefärbt und enthielt Blätter mit Holzkohlestückchen. Es diente wohl zum Transport von Glut.

Die Blätter im Gefäß stammen vom Spitzahorn. Erstaunlicherweise haben sie keine Stiele mehr. Der Gletschermann muß sie in tieferen Regionen gepflückt haben, denn der Spitzahorn wächst nur in Höhen bis tausend Meter. Ein weiterer Hinweis darauf, daß der Mann beim Auf- und nicht beim Abstieg war. Die Botaniker stellten darüber hinaus fest, daß die Blätter noch Blattgrün, Chlorophyll, enthalten. Dies bedeutet, daß sie während der Vegetationsperiode vom Baum gerissen worden sind. Zwischen den Blättern lagen Nadeln von Fichte und Wacholder. Warum der Bergsteiger Blätter und Baumnadeln mit sich führte, bleibt unklar. Nach allem, was man weiß, wuchs Spitzahorn damals südlich der Alpenwasserscheide nur bis in den Vintschgau, also bis zum heutigen nördlichen Südtirol, was dafür sprechen würde, daß der Gletschermann von Süden her aufgestiegen ist.

Insgesamt wurden mehr als drei Gramm verkohlter Holzreste gefunden. Sie stammen von Fichte, Föhre und wahrscheinlich von der Felsenbirne. Auch letztere wächst nur an wärmeren Standorten im Tal. Der Gletschermann hatte sich offenbar Brennmaterial in die höhergelegenen baumfreien Zonen mit hinaufgenommen. Wahrscheinlich hat er sich in der geschützten Felsmulde niedergelassen, um die Nacht dort zu verbringen. Seine Ausrüstung hatte er ordentlich am Rand abgestellt. Ein wärmendes Feuer brannte, an dem er seine Abendmahlzeit zubereitete, denn noch hatte er offensichtlich die Arbeit am Bogen und an den unfertigen Pfeilen nicht aufgenommen.

In den Fellstücken fand man zwei Getreidekörner, die als Einkorn, eine primitive Weizenart, identifiziert werden konnten. Das heißt, daß in den Alpentälern vor 5000 Jahren Ackerbau betrieben wurde und daß sich der Gletschermann dort mit Wegzehrung für seine Wanderung ins unwirtliche Hochgebirge eingedeckt hatte. Daneben lag eine Schlehe, eine Steinfrucht mit leicht bitterem Geschmack, die im Herbst reif wird und erst nach Frosteinwirkung genießbar ist.

Aus winzigen Proben aus dem Darminhalt des Gletschermannes konnte Professor Klaus Oeggl vom Botanischen Institut in Innsbruck dessen letzte Mahlzeit rekonstruieren, die er etwa acht Stunden vor seinem Tod zu sich genommen hatte. Oeggl konnte neben Fleisch auch Gemüse und Mehl vom Einkorn ausmachen: Ötzi ernährte sich von Vollwertkost! Mit dem Trinkwasser gelangten Pollen der Hopfenbuche, die im Juni blüht, in Ötzis letzte Mahlzeit. Diese Pflanze kommt nördlich der Alpen nicht vor. Es ist eine wärmeliebende Art, die in den Tallagen am Übergang des Eichenwaldes zu den inneralpinen Fichtenwäldern im Vintschgau, im unteren Schnalstal, wuchs. Da die Hopfenbuche acht Stunden vor seinem Ableben in den Körper des Gletschermannes gelangte, ist dies ein weiterer Hinweis, daß er direkt vom Süden aufgestiegen ist. Dieser Fund belegt außerdem, daß Ötzi im Juni gestorben sein muß. Das sind die erstaunlichen neuen Ergebnisse von Klaus Oeggl.

Alle Ausrüstungsgegenstände sind nach praktischen Gesichtspunkten gefertigt, einfach und schlicht, und konnten in jedem Dorf hergestellt werden. Vermutlich waren die handwerklichen Fähigkeiten der einzelnen Menschen damals weitaus besser als heute, so daß das meiste innerhalb einer Familie produziert werden konnte.

Nur das Kupferbeil, Werkzeug und Waffe in einem, war komplizierter herzustellen. Es ist sozusagen eines der frühesten Industrieprodukte und setzt spezialisierte Berufe voraus: Bergleute und Kupferschmiede. Zunächst mußte Kupfererz gefunden, gewonnen und verhüttet werden. Aus Kupferbarren, begehrten Handelsobjekten, wurden die Werkzeuge und Waffen gegossen und gehämmert. In unserem Fall mußten wahrscheinlich die Klinge und die Randleisten gehämmert werden, wodurch das Metall zugleich gehärtet war.

Dies alles konnte nicht in einer der kleinen agrarischen Siedlungen geschehen, wie wir sie uns mehrheitlich in den südlichen Alpentälern vorstellen müssen. Nur wo wir deutliche Spuren des kupferzeitlichen Bergbaus und der Metallverarbeitung finden, können wir davon ausgehen, daß hier Kupfererz gewonnen und zu mancherlei Gerätschaften verarbeitet wurde.

Wenn woanders Kupfergegenstände gefunden werden, dann handelt es sich meist um Handelsobjekte, die manchmal über weite Strecken transportiert wurden und daher sehr begehrt und wertvoll waren. Daß der Gletschermann ein Exemplar bei sich trug, zeichnet ihn deutlich aus, und es stellt sich die Frage, wo er es gegen welchen Gegenwert vielleicht erworben hatte.

Da alles, was der vorgeschichtliche Gebirgsgänger sonst mit sich führte, in seiner näheren Umgebung vorkam, verweist nichts davon über sie hinaus – bis eben auf das Kupferbeil, das uns Auskunft geben kann über die metallurgischen Kenntnisse und Verarbeitungstechniken, aber auch über die Handelsbeziehungen im Alpenraum dieser frühen

Zeit. Allein das Vorhandensein der Randleisten hat ja bereits die vorgeschichtliche Chronologie ins Wanken gebracht. Es ist sozusagen das modernste Kupferbeil dieser frühen Zeit, so modern, daß die Archäologen die Datierung mit naturwissenschaftlichen Methoden fast nicht glauben wollten. Und ausgerechnet an dieser abgelegenen, nur schwer zu erreichenden Stelle wurde es gefunden. Wer war dieser Mann, und was machte er hier?

Schwer bepackt mit Lebensmitteln, Blättern, Brennholz und diversen Gerätschaften und gehüllt in wärmende und höchst strapazierbare Kleidung, war der vorgeschichtliche Gebirgsgänger gerüstet für einen längeren Marsch, auf dem er offensichtlich noch Bogen und Pfeile vollenden wollte. Unterwegs ist ihm möglicherweise ein Teil des Fellmantels aufgerissen, den er notdürftig geflickt hat.

Kurz nach der Entdeckung war in den Medien bereits heftig spekuliert worden, was den Gletschermann ins gefährliche Hochgebirge getrieben haben könnte. Vom Schamanen, vom Metallprospektor, vom Jäger oder vom Hirten war die Rede. Markus Egg vom Römisch-Germanischen Zentralmuseum in Mainz glaubt inzwischen, drei dieser Überlegungen ausschließen zu können: Als Schamane hätte der Gletschermann sicherlich Amulette, die ihn vor bösen Geistern bewahren sollten, bei sich getragen. Allerdings ist nicht auszuschließen, daß es sich bei der durchbohrten Steinscheibe mit den Lederschnüren um ein solches Amulett gehandelt haben könnte. Ein Mann auf der Suche nach Kupfererz dagegen hätte besondere Werkzeuge mitführen müssen. Unwahrscheinlich sei es schließlich, so Egg, daß ein Jäger auf der Suche nach Gemsen oder Bären einen unfertigen Bogen bei sich gehabt hätte.

Das allerdings will nicht einleuchten. Warum soll ein Jäger, der wie ein Halbnomade längere Zeit das Gebirge durchstreift, nicht beim Aufstieg noch unfertige Waffen mit sich führen, an denen er bei der abendlichen Rast arbeitet, bis sie fertig sind? Jedenfalls trug der Gletschermann Waffen mit sich, die nicht nur der Verteidigung gedient haben.

Nicht zu unterschätzen sind im übrigen die handwerklichen Fertigkeiten der damaligen Menschen. Von Kindesbeinen an wurde ihnen beigebracht, wie man Werkzeuge herstellt, welche natürlichen Rohmaterialien man dazu verwendet und wie man sie am besten einsetzt. Deshalb waren sie sicherlich im täglichen Umgang mit verschiedenen Werkstoffen geübter als so mancher Archäologe, der heute im Experiment versucht, die alten Werkzeuge und Geräte nachzuempfinden, und dabei unser hochentwickeltes technisches Verständnis mit komplizierten Überlegungen auf die damalige Zeit projiziert. Bernd E. Ergert, Leiter des Deutschen Jagd- und Fischereimuseums in München, hat jedenfalls darauf hingewiesen, daß Bogen und Pfeile in relativ kurzer Zeit zu vollenden gewesen wären, so daß man tatsächlich davon ausgehen muß, daß sie zum baldigen Einsatz gedacht waren.

Bliebe die immer wieder vorgetragene These, der Gletschermann sei ein Hirte gewesen, möglicherweise sogar der Anführer einer ganzen Gruppe von Hirten, denn er besaß ein wertvolles und seltenes Kupferbeil, was ihn, wie gesagt, deutlich auszeichnete. Dieser Auffassung entspricht ein nicht genau datierbarer Fund bei Zernez im schweizerischen Engadin. Dort wurden in einer Höhle Holzkohlestückchen, bearbeitete Knochenspitzen sowie Skelettreste vom Schaf, Rind, Steinbock, Schwein und Hund gefunden. Es könnte ein Unterschlupf von Hirten gewesen sein, die gelegentlich auf die Jagd gingen.

Nach Aussage von Meteorologen herrschte damals ein ähnliches Klima wie heute, mit einer Jahresdurchschnittstemperatur von fünfzehn Grad Celsius. Das bedeutet, daß auch Schnee- und Gletschergrenzen damals in etwa den heutigen entsprochen haben. Mit anderen Worten: Die Verhältnisse waren dort ähnlich wie die, unter denen der Gletschermann 5000 Jahre später wieder auftauchte und nur mit größten Schwierigkeiten freigelegt und geborgen werden konnte.

Immerhin werden noch heute im Sommer etwa 3000 Schafe Mitte Juni aus dem Vintschgau auf die saftigen Hochalmen des Ötztales getrieben, so daß der Hauptkamm nur überwunden wird, um wieder niedriger gelegene Almen zu erreichen. Der Verlust an Tieren dürfte auch vor 5000 Jahren auf einer derart gefährlichen Tour nicht gering gewesen sein.

Andererseits hat man in vergleichbaren Höhenlagen Schmuck- und Waffendepots gefunden, die man allgemein als Weihegaben an Götter, deren Sitz man auf Berggipfeln vermutete, gedeutet hat. Oder sie sollen den Naturgewalten dargeboten worden sein, deren Bedrohung man gerade hier besonders empfand.

Restaurierung und Konservierung

Bei der Tagung der Arbeitsgemeinschaft Alpen im Juni 1992 berichtete Markus Egg, der die Restaurierung der Ausrüstungsgegenstände leitete, daß ihre Dokumentation und ihre Reinigung zum Teil abgeschlossen seien.

Zunächst mußten die miteinander verbackenen Lederfetzen mit einem Skalpell sorgfältig voneinander gelöst werden. Dabei fand die Restauratorin Roswitha Goedecker-Ciolek die beiden oben erwähnten Getreidekörner. Dann wurden die Stücke in destilliertem Wasser gereinigt. Das Wasser wurde daraufhin mehrmals gefiltert, damit keine noch so kleine botanische Probe, die Aufschluß über die damalige Vegetation geben kann, entwischen konnte.

Damit das gut erhaltene Leder nicht brüchig und spröde wird, werden die gesäuberten Fragmente in ein Alkoholbad gelegt, das mit einem Lederfettungsmittel angereichert ist. Das Wasser in den Poren wird durch den Alkohol verdrängt, der allmählich verdunstet. Das Lederfettungsmittel dagegen bleibt im Leder, macht es weich und geschmeidig, so daß es mit bloßem Auge kaum von neuem zu unterscheiden ist.

Das Zellgerüst des jahrtausendelang gelagerten Holzes ist angegriffen, da die Zellulose herausgelöst wurde. Altes Holz wird deshalb leichter beschädigt und darf auf keinen Fall austrocknen. Viele alte Holzgegenstände, die schon seit Jahrzehnten in den Vitrinen der Museen schlummern, sind daher, obwohl sie damals konserviert wurden, bis zu dreißig Prozent geschrumpft und zeigen Trockenrisse.

Albert Kremer, Spezialist für Holzrestaurierung beim Römisch-Germanischen Zentralmuseum, hat viel ausprobiert, um dieser Austrocknung vorzubeugen. Unter anderem mit Zucker hat er experimentiert. Bewährt hat sich die sogenannte Lyofix-Methode, wobei ein Mittel verwendet wird, das auch in der Hemdensteife enthalten ist. Sie wird jetzt bei der Behandlung der hölzernen Ausrüstungsgegenstände des Gletschermannes herangezogen, die zunächst in einer Wanne mit Leitungswasser so lange gereinigt werden, bis das Wasser klar bleibt. Verunreinigungen wie Fäulnisstoffe und Salze, die sich im Holz abgelagert haben, werden mit destilliertem Wasser ausgewaschen. Danach kann sich das Lyofix mit einem anderen Mittel, das sich im Holz zu Kunstharz verwandelt, an den Zellwänden niederschlagen und die Zellstrukturen stärken. Wochenlang schwimmt das Holz in unterschiedlichen Lyofix-Konzentrationen. Dann wird es mit einer Lösung gegen Schimmelpilz eingepinselt. Die abschließende Trocknung kann mehrere Monate dauern. Danach erst können die Hölzer mit Ponal zusammengefügt und eventuell ergänzt werden.

Das Birkenrindengefäß, dessen Boden Markus Pirpamer den Archäologen kurz nach der Bergung ausgehändigt hat, bereitete den Restauratoren einige Schwierigkeiten, weil die restlichen Teile, die Frau Haid als Souvenir mitgenommen und erst Wochen danach zurückgegeben hatte, zwischenzeitlich ausgetrocknet waren. Man versuchte mit Dampf die Birkenrindenstücke so elastisch zu machen, daß man sie wieder zu einem Gefäß zurechtbiegen konnte.

Bei der Konservierung der Gräser haben die Restauratoren Neuland betreten, mittlerweile mit gutem Erfolg. Zunächst werden die Gräser in eine wäßrige Lösung getaucht, die ähnlich wie Geschirrspülmittel die Oberflächenspannung des Wassers herabsetzt. Dadurch kann sich die stabilisierende Substanz, die in modernen Haarfestigern enthalten ist, besser an den Pflanzenfasern anlagern. Ähnlich wie das Haar umfängt sie nun die Gräser. Durch Gefriertrocknung wird Wasser entzogen, mit dem die Gräser getränkt sind. Die Pflanzen sehen danach wieder so aus, als seien sie erst vor kurzem geschnitten worden. Doch die Gräser sind nun fixiert und zerfallen daher nicht beim Anfassen.

Sobald die Konservierung und Restaurierung abgeschlossen ist, die einzelnen Fragmente der Schuhe, der Pelzbekleidung und der Rückentrage schließlich wie bei einem Puzzle zusammengefügt sind, dann kann auch eine Nachbildung im Maßstab 1 : 1 der Ausrüstungsgegenstände angefertigt werden. Sie wird im Römisch-Germanischen Zentralmuseum bleiben, das bereits eine Schatzkammer der Vorgeschichte und der Archäologie ist. Dann können sich die Museumsbesucher auch weit entfernt von der Fundstelle eine plastische Vorstellung davon machen, wie Kleidung und Ausrüstung des Gletschermannes beschaffen waren und wie die einzelnen Gerätschaften wohl funktionierten, mit denen es den Menschen vor Jahrtausenden gelang, auch in unwirtlicher Umgebung, selbst unter extremen Bedingungen, wie sie in den Hochalpen herrschen, zu überleben.

Kleider machen Leute

Wer die Fragmente der Garderobe von Ötzi betrachtet, der mag auf den ersten Blick enttäuscht sein. Welche kulturgeschichtliche Leistung das Ensemble aber tatsächlich darstellt, das läßt sich erahnen, wenn man die Forschungen von Dr. Josef Wininger aus Vinelz in der Schweiz Revue passieren läßt. War der Gletschermann ein »Trendsetter«, oder war seine Kleidung von Traditionen geprägt? Eine Frage, die wegen mangelnder Vergleichsfunde sinnlos scheinen mag. Doch lassen wir zunächst die gefundenen Kleidungsreste selbst sprechen.

Die Mütze des Gletschermannes war aus einzelnen zugeschnittenen Fellstreifen zusammengefügt. Mit Tiersehnen waren die Nähte zusammengenäht, und die Kopfbedeckung bildete eine Halbkugel. Damit der vorgeschichtliche Bergsteiger diesen idealen Wärmeschutz nicht verlor, konnte er ihn unter dem Kinn mit zwei Lederbändern verknoten. Es ist sicher kein Zufall, daß die Mütze aus dem Fell des Braunbären hergestellt wurde. Vielleicht glaubte der Gletschermann, daß sich die Kraft dieses mächtigen Tieres – eines der gefährlichsten Gegner des Menschen – auf ihn übertragen könnte. Von der Form her erinnert diese einfache, aber dennoch sehr zweckmäßige Mütze an Basthüte aus Ufersiedlungen.

Ötzis Schuhwerk ist eine bisher noch nicht belegte Kreation. Ist es eine »Sonderanfertigung«? Das ovale Sohlleder bestand vermutlich aus Bärenleder. Als Wärmeisolierung im Inneren fungierte Heu, das von einem Netz aus Grasschnüren zusammengehalten wurde. Der Schaft des Schuhs wurde wiederum mit Grasschnüren am Fußgelenk festgebunden. Zu dieser Fußbekleidung gibt es bisher keinerlei Parallelen, lediglich geflochtene Sandalen aus Bast und lederne Mokassins sind bekannt. Schlaglichtartig dokumentiert eine jung-

63

steinzeitliche Sandale mit Zehenlasche aus der Cueva de los Murciélagos (in Albuñol, Provinz Granada) – aus der Jungsteinzeit – die Langlebigkeit bewährter »Schuhmodelle«. Sie waren aus Esparto-Gras hergestellt, das den sogenannten »Espadrilles« ihren Namen gab.

Als eine Art Unterwäsche trug der Gletschermann einen Lendenschurz, von dem noch ein fünfzig Zentimeter langes Fragment erhalten war. Er wurde zwischen den Beinen durchgezogen und vorne und hinten am Gürtel befestigt. Der vordere Teil bestand nicht aus Pelz, sondern wahrscheinlich aus Leder von der Hausziege. Auch dieses Untergewand war sehr praktisch: Man konnte sich dessen schnell entledigen und es wieder anlegen. In der wilden Natur mußte man beim Verrichten der Notdurft auf Überraschungen gefaßt sein, denn wilde Tiere, wie der Braunbär, dem der Gletschermann offensichtlich mindestens einmal begegnete, hätten plötzlich stören können. Außerdem konnte der Lendenschurz separat gewaschen werden; so war es leichter möglich, dem Parasitenbefall in der Unterleibsregion vorzubeugen.

Die Beinkleider des Gletschermannes bestanden aus zwei 65 Zentimeter langen Röhren ohne Füße, die aus kleineren und größeren Fellstücken zusammengenäht waren. Auch dies war ein genialer Schnitt, der sich sicherlich bewährt hatte. Diese Art Leggings umspielten locker die Beine und konnten am oberen Ende mit einem angenähten Fellstreifen am Gürtel fixiert werden. Als Pendant am unteren Ende der Beinkleider fungierte eine Pelzlasche aus Hirschfell, die am Schuh festgebunden wurde. Es muß eine ideale Kleidung gewesen sein, die sich jeder Situation anpaßte. Ob der Gletschermann auf Jagd ging oder steile Berghänge hinaufstieg, immer ließen ihm die »dehnbaren« Beinkleider Bewegungsfreiheit.

Am Oberkörper trug der Gletschermann eine Art Pelzcape aus vielen kleinen, meist länglich-viereckigen Flecken, die exakt aneinandergefügt waren. Wahrscheinlich stammen sie

Der Grasumhang des Gletschermannes

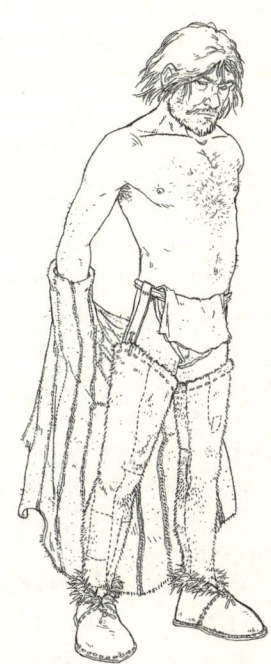

Beinkleider und Lendenschurz des
Gletschermannes

von Ziegen, vielleicht von Gemsen oder von Steinböcken. Daß auch Häute weiblicher Tiere verwendet wurden, belegen die im Fell sichtbaren Zitzen. Der Umhang war mindestens 94 Zentimeter lang und mit 138 Zentimeter Umfang weit geschnitten, so daß der Gletschermann die Vorderseiten übereinanderschlagen und wohl mit einem Gürtel verschließen konnte. Ob er einst als eine Art »Wendemantel« getragen wurde, läßt sich heute nicht mehr erschließen.

An der Fleischseite des Fells sind Schabspuren erhalten. Mit Röhrenknochen großer Wiederkäuer, die zu Geräten mit glatter, scharfer Schneide verarbeitet wurden, hat man die Häute gereinigt. Möglicherweise wurde die Tierhaut im kalten Rauch gegerbt. Dafür sprechen geschrumpfte Baumpollen, die sich im Fell fanden. Doch wie wurde das Leder geschmeidig gemacht? Josef Wininger fielen im Fundgut der schweizerischen Seen Holzhämmerchen auf, die ideal zum Weichklopfen der Felle gewesen wären. Löcher für die Nähte wurden wohl vorgestochen und zwar mit Pfriemen aus den Knochen kleiner Wiederkäuer.

Daß damals der »Kürschner« wie ein Profi gearbeitet hat, verraten die exakten Nähte. Provisorisch geflickte Stellen zeigen, daß der Gletschermann auf seinen Touren durch das Hochgebirge sein Gewand notdürftig repariert hatte. Daß er den Pelzumhang schon lange trug, belegen auch die abgewetzten Stellen.

Der Gletschermann kannte offensichtlich im Tal einen Experten, der es verstand, ein solches Prachtstück herzustellen. Der Umhang ist sehr aufwendig gestaltet: An den Schultern waren die acht bis sechzehn Zentimeter breiten Fellstücke waagrecht verarbeitet und vorne senkrecht. Dunkle und helle Felle verliehen dem Pelzgewand ein repräsentatives Aussehen.

Daß aufwendige Fellverarbeitung keine Erfindung aus der Zeit des Gletschermannes war, beweist ein sensationeller Fund einer Bestattung in der Caverna delle Arene Candide in

Ligurien, der aus der Mittelsteinzeit stammt. Mehr als 400 fein säuberlich aufgereihte Schwanzknöchelchen von einem kleinen Tier verraten, daß hier in verschwenderischer Weise Schwänze von Eichhörnchen für ein edles Gewand verwendet wurden.

Die Verarbeitung der senkrecht verlaufenden Felle ähnelt der Machart des Umhangs vom Gletschermann. Der junge Mann, der ihn auf seine letzte Reise mitbekam, muß einmal eine würdevolle Erscheinung gewesen sein. Für solch ein Prachtstück mußten immerhin mehr als 400 Tiere ihr Leben lassen. Für Jäger und Hirten hatte es sicherlich mehrere Funktionen: es war repräsentatives »Statussymbol«, eine wärmende Hülle beim Umherstreifen in hohen Regionen und beim Nächtigen unter Felsdächern im Freien eine Art Schlafsack.

Mit dem Pelz war der Gletschermann gegen die Kälte gewappnet, gegen die Nässe schützte er sich mit einem mindestens neunzig Zentimeter langen Grasumhang, von dem etwa drei Viertel nicht mehr erhalten sind. Sehr lange Gräser, wie sie in hochalpinem Gebiet vorkommen, wurden zu einem Gewebe geflochten, das durch waagrecht eingeflochtene Zwirne in sechs bis sieben Zentimeter Abstand strukturiert war. Die hängenden Gräser liefen in vierzig Zentimeter langen Fransen aus.

Nach Dr. Josef Wininger könnte der Grasumhang als Schlafunterlage, zur Tarnung, als provisorisches Verpackungsmaterial und vor allem als Schutz gegen Nässe fungiert haben. Solche Geflechte sind nicht nur wasserabweisend, sie trocknen auch rasch wieder. Der Gletschermann und seine Zeitgenossen wußten also die verschiedenen Materialien zu nutzen. Sie lebten mit und von der Natur und verstanden es, aus jeder Situation das Beste zu machen. Die Kombination eines Gewandes gegen die Kälte mit einem anderen gegen die Nässe stellte eine elegante Lösung dar.

Seit Menschengedenken überdauerte schlichtes, funktionales und ästhetisches Design. Das gilt offensichtlich auch für die Kleidung des Gletschermannes. Mit einem Gespür für die Schönheit der Dinge entwarfen die »Modeschöpfer« der Vorgeschichte eine Kombination von Kleidungsstücken, die sich in einer Art Zwiebellook den verschiedenen Wetterverhältnissen im Hochgebirge anpaßte. Raffiniert, bis ins letzte Detail durchdacht, mit einer schöpferischen Kraft, kreierten sie eine zeitlose Allzweck-Garderobe. Die Kleidung war offensichtlich in den Traditionen verwurzelt; was sich bewährt hatte, gab man auch an seine Nachfahren weiter. Der Mode unterworfen waren vielleicht nur die »Accessoires« wie Ketten oder Gürtel. Die Entdeckung von Ötzi gewährt also auch Einblicke in die Kulturgeschichte der Kleidung.

Ging man bislang davon aus, daß in der Jungsteinzeit Textilien vorherrschten und die Entwicklung der Webkunst damit auf eine lange Tradition zurückblickt, so muß diese Vorstellung nach einem Vergleich der Relikte vom Hauslabjoch mit anderen Funden und indirekten Hinweisen korrigiert werden. Erstaunlich war zunächst, daß der Gletschermann keine Garderobe aus gewebten Leinen- oder Wollstoffen trug. Das scheint, wie Wininger gezeigt hat, mit dem späteren allmählichen Durchbruch dieser Textilien zusammenzuhängen.

Wininger stellte fest, daß bis heute keine Gewebe aus der Jungsteinzeit entdeckt wurden, die breiter als 22 Zentimeter waren. Offenbar war bis dahin nur ein schmaler Webrahmen entwickelt, der es zum Beispiel erlaubte, Gürtel zu weben. Um großflächige Stoffe herstellen zu können, war ein Gewichtswebstuhl nötig, der allerdings erst später erfunden wurde.

Leder- und Fellbekleidung spielten also auch noch zu Ötzis Zeiten eine viel größere Rolle, als man bisher ahnte. Einerseits sind nur kleine Gewebefetzen erhalten, andererseits sind auch die Geräte für die Weberei, da sie aus Holz fabriziert waren, sehr fragmentarisch überliefert. Dies hat zu einer Fehleinschätzung geführt.

Eines ist inzwischen sicher: Der Standard der Kürschnerei war wohl weit höher, als wir es uns heute vorstellen können. Auf Felsbildern der spanischen Levante wurden die ältesten erkennbaren Darstellungen von Fellkleidern aus der Steinzeit identifiziert. Ohne Fell- und Lederverarbeitung hätte es auch später keine anspruchsvolle und ausreichende Bekleidung gegeben. Das verraten das Gewand des Gletschermannes ebenso wie die zahlreichen neu bewerteten Funde von Geräten zur Fellverarbeitung aus den Feuchtbodensiedlungen.

Sicherlich herrschten immer Unterschiede in der Bekleidung zwischen wärmeren und kälteren Regionen, die sich auch in anderen Lebenswelten mit ihren spezifischen Tätigkeitsfeldern widerspiegeln, wie dem des Bauern im Tal und des Hirten oder Jägers im Gebirge.

Die Garderobe des Gletschermannes gewährt uns erstmals Einblicke in die Fell- und Lederbekleidung der Kupferzeit. Nach allem, was wir heute wissen, arbeiteten die »Modemacher« nach Konzeptionen und mit Materialien, die auf dem reichen Erfahrungsschatz der Vorfahren beruhten. Die Kleidung des Gletschermannes genügte nicht nur den hohen Ansprüchen, die das rauhe Klima stellte, sondern verlieh ihm sicherlich darüber hinaus ein würdevolles Aussehen.

Wie funktioniert das?

Die Lebensgewohnheiten der Menschen in der Vergangenheit nachzuempfinden, ihre Techniken nachzuahmen und ihre Fertigkeiten nachzuvollziehen, das ist das Ziel der experimentellen Archäologie. Geschichte lebendig und begreifbar zu machen ist auch die Aufgabe von Museumsdörfern, wo Wohnhäuser und Nebengebäude rekonstruiert sind, ja sogar Felder mit alten Getreidearten bestellt und alte Tierrassen wieder gezüchtet werden.

Die experimentelle Archäologie hat sich in Deutschland erst in letzter Zeit durchgesetzt, während sie in Skandinavien und England schon seit Jahrzehnten auch von Wissenschaftlern anerkannt und betrieben wird. Dort leben Geschichtsbegeisterte für kurze Zeit in rekonstruierten vor- und frühgeschichtlichen Dörfern.

Die Anfänge dieser Disziplin reichen zurück bis ins letzte Jahrhundert; spektakuläre Aktionen sind darunter, wie beispielsweise der Nachbau des fast 24 Meter langen wikingerzeitlichen Wasserfahrzeugs aus dem 9. Jahrhundert, das 1880 in einem Schiffsgrab am Sandelfjord in Norwegen geborgen worden war.

Mit dem rekonstruierten Schiff segelte man 1893 in 27 Tagen nach Amerika, um an der Weltausstellung in Chicago teilzunehmen sowie, etwas verspätet, das 400jährige Jubiläum der Entdeckung Amerikas durch Kolumbus zu feiern und die Fertigkeiten der Wikinger unter Beweis zu stellen. 1992 liefen von Spanien aus drei originalgetreu nachgebaute Schiffe aus, um nach 500 Jahren unter damaligen Bedingungen die Route von Kolumbus nachzufahren.

Bei manchen dieser Experimente standen militärische Erwägungen im Vordergrund, wie etwa bei den Schießübungen mit römischen Pfeilgeschützen, die Artilleriemajor Erwin

Schramm nach altrömischen Vorbildern anhand von Resten und Abbildungen auf Steindenkmälern nachgebaut hatte. In Anwesenheit von Kaiser Wilhelm II. führte er die Katapulte am 16. Juni 1904 vor. Immerhin durchschlugen die 88 Zentimeter langen Pfeile mit eisernen Geschoßspitzen in einer Entfernung von 370 Metern einen drei Zentimeter starken mit Eisen beschlagenen Schild. Ein weiteres Unternehmen finanzierte der Kaiser persönlich: Er ließ bei dem wiederhergestellten römischen Kastell der Saalburg im Taunus von Mainzer Pionieren eine römische Schanze aus Flechtwerkszäunen mit nachgebauten römischen Werkzeugen errichten.

Zu den erfolgreichsten und aufsehenerregendsten Experimenten der letzten Jahre gehören die des Historikers Marcus Junkelmann, der sich seit Jahren mit der Ausrüstung römischer Soldaten beschäftigt. Unter extremen Bedingungen hat er 1985 einen Fußmarsch in römischer Kleidung, mit Wollhemd, Lederhose und Sandalen, von Verona aus über die Alpen unternommen, begleitet von einem kleinen Trupp Gleichgesinnter. Die Mannschaft hat sich weitgehend von Speisen ernährt, die nach altrömischen Rezepten zubereitet waren, hat in altertümlichen Lederzelten geschlafen und ist schließlich, nachdem sie 540 Kilometer zurückgelegt hatte, mit Blasen an den Füßen pünktlich zur 2000-Jahr-Feier in Augsburg eingetroffen.

Der Römerexperte reitet inzwischen im originalgetreuen Kettenhemd mit Helm, Schild, Lanze und Schwert – insgesamt ein Gewicht von 11,7 Kilogramm – auf weißen Camargue-Pferden, die den römischen sehr ähnlich sein sollen, quer durch Deutschland. 1990 ist er sogar 1200 Kilometer von der holländischen Nordseeküste über Xanten, den römischen Hauptort am Rhein, bis nach Aalen in Baden-Württemberg geritten.

Wie beispielsweise der römische Sattel ausgesehen hat, von dem man nicht viel mehr als die bronzenen Beschläge kennt, glaubt er jetzt herausgefunden zu haben: Er besaß an allen vier Ecken der ledernen Sitzfläche hörnchenartige Verdickungen und war weich gepolstert. Auch die römischen Waffen werden im Experiment erprobt und Übungen mit Paraderüstungen, mit Gesichtshelmen und Standarten durchgeführt, wie sie der römische Schriftsteller Arrian schildert. So sind diese Vorführungen einerseits wissenschaftliche Experimente, andererseits begeistern sie historisch interessierte Zuschauer.

Eines der Zentren der experimentellen Archäologie in Deutschland ist das Museumsdorf Düppel in Berlin, das an der Stelle einer freigelegten mittelalterlichen Siedlung aus dem 12. Jahrhundert auf einer Fläche von rund siebzehn Hektar mit Ackerflächen und Wäldern errichtet wurde.

Während die älteste Kulturpflanze in Mitteleuropa – der Einkornweizen, den ja auch der Gletschermann mit sich führte – nur noch in Thrakien in Bulgarien zur Griesherstellung angebaut wird, ist der schon seit dem Neolithikum bekannte Emmer fast völlig verschwunden und wird nur noch in der Schweiz gezüchtet. In Düppel sät man im Frühjahr Hafer und Gerste aus und im Herbst Roggen, der seit etwa 3000 Jahren in Mitteleuropa wächst und ein Hauptgetreide des Mittelalters war. Vom Aussterben bedrohte alte Tierrassen versucht man neu zu züchten, so die Skudden, Schafe, die im Mittelalter gehalten wurden, und Weideschweine.

Außerdem wird in Düppel nach mittelalterlichen Rezepten gekocht. Die Zutaten stammen zum großen Teil aus den Gärten und von den Feldern des Museumsdorfes. Im offenen Herdfeuer werden in Kugeltöpfen, die man in nachgebauten Töperöfen gebrannt hat, Gemüsesuppe und Hirsebrei zubereitet. Daß dieser in den Keramikgefäßen leicht anbrennt, haben die Köche bald festgestellt, auch, daß die Töpfe im offenen Herdfeuer leicht springen. Nur in der Hocke oder auf Knien kann man an der Feuerstelle arbeiten, wobei der beißende Rauch in den Augen brennt. Unter ganz ähnlichen Bedingungen dürften auch die Menschen in der Jungsteinzeit und in der Kupferzeit ihre Mahlzeiten gekocht haben.

Wie hat nun der Gletschermann seine Ausrüstungsgegenstände benutzt oder sogar selbst hergestellt? Wie haben vergleichbare Waffen und Geräte ausgesehen, wenn sie sich überhaupt erhalten haben?

Seit der Mittelsteinzeit hat sich der Mensch nachweislich mit Pfeil und Bogen auf die Jagd begeben; das belegen unter anderem Höhlenmalereien aus der Zeit um 10 000 vor Christus, auf denen vom Pfeil getroffene Tiere dargestellt sind. Zu den ältesten Funden zählen die etwa im 8. Jahrtausend vor Christus verwendeten Ulmenholzbogen aus Holmegaard in Dänemark. Aber erst im Neolithikum sind Pfeil und Bogen die wichtigste Jagdwaffe, die besonders effektiv und treffsicher bei der Pirsch abgefeuert werden konnte.

Noch bei den Hunnen, wie überhaupt seit undenklichen Zeiten bei den Reiternomaden aus den russischen Steppen, war der Bogen die »Wunderwaffe«, mit der sie von ihren kleinen, robusten und schnellen Pferden aus im 4. und 5. Jahrhundert nach Christus die Heere des Römischen Reichs in Panik versetzten und bis nach Frankreich vordringen konnten (Schlacht auf den Katalaunischen Feldern 451). Ihr sogenannter Reflexbogen war maximal 1,30 Meter lang, an beiden Enden und in der Mitte mit Knochenplatten versteift und besaß eine größere Spannkraft als die einfachen Bogen. Aus den Leder- oder Rindenköchern ragten die sechzig bis achtzig Zentimeter langen Pfeile mit Spitzen aus Eisen oder Knochen hervor.

In Thayngen in der Schweiz hat man einen jungsteinzeitlichen 1,75 Meter langen Bogen entdeckt – diese mehr als mannshohen Bogen waren im Neolithikum üblich, und auch das Exemplar des Gletschermannes dürfte so groß gewesen sein. Er war aus dem Stamm einer Eibe gearbeitet, deren Holz als schwer, dauerhaft, elastisch und leicht zu polieren gilt. Das Bogenholz von Thayngen ist halbrund und 3,5 Zentimeter dick. Am einen Ende war noch der zapfenartige Abschluß zum Einhängen der Sehne erhalten. Auch ein kleineres 80,5 Zentimeter langes Fragment eines Bogens, vielleicht für ein Kind geschnitzt, fand man in dieser Siedlung.

Der in Thayngen gefundene Pfeilschaft war aus einem Stockausschlag des Wolligen Schneeballs hergestellt, aus einem der dünnen Äste, die in Bodennähe dort wachsen, wo man den Strauch abgeschnitten hatte. Sie sind besonders geeignet für Pfeile, weil sie lang und gerade sind. Aber auch ein Exemplar mit einem Durchmesser von zehn Millimetern aus dem Strauch des Geißblatts ist von La Neuveville am Bieler See in der Schweiz bekannt.

Mit einer solchen Waffe konnte man aus einer Entfernung von dreißig bis fünfzig Metern ein Beutetier treffen. Auch die Pfeilschäfte des Gletschermannes bestehen, wie die meisten der selten erhaltenen Exemplare, aus dem Holz des Wolligen Schneeballs, so daß man bei ihm recht genaue Kenntnisse der besonderen Eigenschaften verschiedener Hölzer annehmen kann.

Die Spitze des Pfeils von Thayngen steckte noch in einem Spalt des Schaftes, war mit Lindenbast festgebunden und mit Birkenteer verklebt. In den neunzehn Zentimeter langen Überresten des Klebstoffs am hinteren Ende konnte man Eindrücke der Befiederung erkennen, die vielleicht aus Adlerfedern bestand, denn dieser Vogel konnte auch anhand von Skelettresten in Thayngen nachgewiesen werden.

Nicht nur Pfeilspitzen aus Feuerstein, sondern auch solche aus Geweih oder Knochen, wie sie der Gletschermann in seinem Köcher mit sich führte, waren im 4. und 3. Jahrtausend vor Christus in Gebrauch. Die verschiedenen Materialien sind mit bloßem Auge oft nicht voneinander zu unterscheiden, weil ihre Oberfläche geschliffen und poliert ist. Pfeilspitzen mit zwei dornförmigen Enden sind darunter, aber auch einige Exemplare mit Widerhaken. Bei einigen in Lüscherz in der Schweiz entdeckten Geschossen war noch der Pfeilschaft erhalten: Das Ende war schräg abgeschnitten und die Spitze vermutlich mit einer Tiersehne festgeschnürt, die elastisch und zugleich sehr zäh sein kann. Wie fast alle eiweißhaltigen organischen Substanzen ist sie unter Wasser im Verlauf von wenigen Jahren vergangen, doch hat sich ihr Abdruck im Klebstoff erhalten. Unebenheiten und Fugen wurden mit Birkenpech ausgeglichen, was die Konstruktion festigte.

Die Spitzen aus Knochen wurden entweder aus den Splittern von Röhrenknochen oder aus Rippen gearbeitet und können drei bis zehn Zentimeter lang sein. Daß sogar mit kleineren stabförmigen Exemplaren von etwa 4,5 Zentimetern Länge Großwild gejagt wurde, beweist der Fund eines Hirschkreuzbeins von Lattringen in der Schweiz, in dem noch die Spitze steckte. Hier hatte ein Jäger im 31. Jahrhundert vor Christus das Tier wahrscheinlich liegend getroffen. Ein Tiermediziner fand heraus, daß das Geschoß durch die ganze Bauchhöhle gedrungen war und sogar den vierzehn Millimeter starken Knochen durchschlagen hatte. Oder der Bogenschütze hat sich an ein stehendes Tier herangepirscht und es von unten mit seinem Pfeil getroffen.

Daneben verwendete man wahrscheinlich bei der Vogeljagd auch stumpfe Geschosse aus durchbohrten Geweihstücken, die auf den Schaft aufgesteckt waren. Vermutlich wollte man den Balg oder das Federkleid der Beute nicht verletzen, sondern das Tier nur betäuben. Vielleicht hielt man gefangene Vögel in Käfigen. Immerhin waren spätestens im 3. Jahrtausend unter anderem bereits Ente, Gans und Taube domestiziert, wie man von altägyptischen Wandbildern weiß.

Bislang nicht klar ist die Funktion der trapezförmigen Feuersteinspitzen mit Querschneiden, die verschiedentlich gefunden wurden. Sie konnten das Beutetier nicht ernsthaft verletzen, sondern sind im äußeren Muskelfleisch steckengeblieben. Ob es sich dabei tatsächlich um Giftpfeile handelt, wie spekuliert wird, entzieht sich unserer Kenntnis, denn das lähmende oder todbringende Gift ist nicht mehr nachzuweisen. Es gibt keinerlei Hinweise darauf, ob man damit auf Tiere oder auf Menschen geschossen hat. Auch ob die unterschiedlichen Typen von Spitzen für die Jagd auf spezielle Tierarten gedacht waren, wissen wir nicht.

Die experimentelle Archäologie fordert, daß beim Nachbau von Werkzeugen und Waffen authentische Werkstoffe verwendet werden. Doch manches, was für den Menschen in der Vorgeschichte mit Leichtigkeit zu beschaffen war, erhält man heute nur unter großen Schwierigkeiten. So ist Robert Pleyer, Mitarbeiter beim Bayerischen Landesamt für Denkmalpflege und seit Jahren begeisterter Experimentator, schon lange auf der Suche nach Eibenholz in unseren Wäldern.

Im Mittelalter war Eibenholz bei Schnitzern, Drechslern und Tischlern sehr beliebt. Schwarz gebeizt galt es als »deutsches Ebenholz«. Aus ihrem Holz wurden Pfeile und Armbrüste gefertigt. In der Volksmedizin wurde es abgekocht und als Wurmmittel und Abortivum verabreicht; es soll auch die Menstruation gefördert haben.

Die Nadeln der Eibe sind sehr giftig. Schon die Einnahme von fünfzig bis hundert Gramm kann zum Tod führen. Daher schlug man die Eibe zum Schutz der Pferde und Rinder, die man auf die Waldweide trieb. Das hat schließlich dazu geführt, daß die Eibe bei uns fast verschwunden ist. Sie wächst heute vorwiegend in Bergmischwäldern und steht unter Naturschutz.

Das Bruchstück eines Bogens, das bei Koldingen, Landkreis Hannover, gefunden wurde und aus der Zeit um 2000 vor Christus stammt, diente Harm Paulsen, Experimentator aus Schleswig, als Vorlage für seine Versuche. Mit steinzeitlichem Gerät, mit Feuersteinklingen, schälte er die Rinde des Eibenstamms ab. Als Vorderfront verwendete er die Seite des Holzes, die keine Wuchsanomalien aufwies. Mit kleinen Feuersteinen wurde die Oberfläche so glatt abgeschabt, daß man das Holz nicht mehr schleifen mußte.

Nachdem er eine Flachssehne aufgezogen hatte, stellte sich

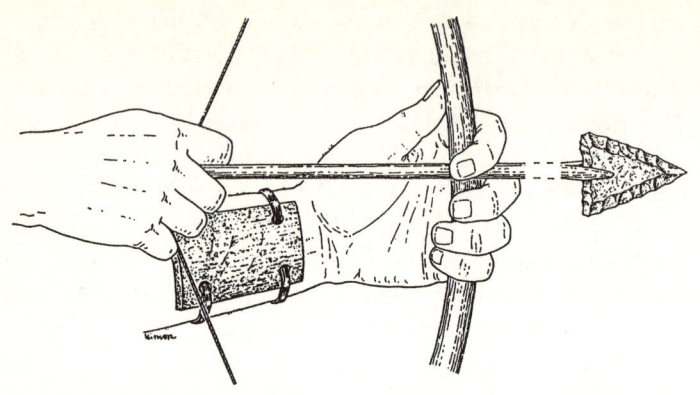

Armschutzplatte der Glockenbecherleute (Rekonstruktion)

heraus, daß die eine Hälfte des Bogens stärker durchgebogen war. Um diese Asymmetrie auszugleichen, wurde am anderen Bogenarm innen etwas Holz abgetragen. Nach fünf Stunden und 21 Minuten hatte Harm Paulsen den Bogen fertiggestellt. Vielleicht kann man davon ausgehen, daß der Gletschermann mit geübter Hand den Bogen deutlich schneller vollenden konnte.

Beim Zurückschnellen der Sehne verletzt sich der Bogenschütze leicht an der linken Hand. Die Glockenbecherleute, die am Ende der Kupferzeit, um 2700 vor Christus, weite Teile West- und Mitteleuropas durchwanderten und ihre charakteristische Keramik, die glockenförmigen Becher mit Stempeleindrücken, mit sich führten, haben deshalb die Armschutzplatten erfunden, rechteckige durchlochte Knochen- oder Steinstücke, die sie sich ums linke Handgelenk banden. Aber auch die Finger, mit denen der Pfeil von der Sehne abgefeuert wird, können bei längerem Schießen verletzt werden. Bei den Versuchen von Harm Paulsen hat sich ein passender Lederschutz bewährt.

Selten sind Fragmente von Pfeilschäften erhalten, nur die Spitzen aus Feuerstein oder Knochen geben häufig Hinweise auf den Einsatz von Pfeilen und Bogen. Befiederungen hingegen sind, wie gesagt, nie konserviert; sie lassen sich höchstens aus Umwicklungen oder deren Abdrücken oder aus Resten des Birkenteerklebers erschließen.

Harm Paulsen verwendete für die dreifach befiederten Schäfte Kiefer-, Hasel- oder Birkenholz. Fünfzehn bis zwanzig Minuten dauerte es, bis die vorwiegend dreieckigen Pfeilspitzen aus Feuerstein hergestellt waren. Nach zwei Stunden und fünfzehn Minuten waren die 79 Zentimeter langen und 25 bis 35 Gramm schweren Pfeile vollendet.

Aus zwanzig Metern Entfernung schoß Harm Paulsen die Pfeile auf ein etwa sechzig Kilogramm schweres ausgenommenes Schwein im Schlachthof. Wenn er keinen Knochen traf, durchstießen sie den Körper und ragten bis zu dreißig Zentimeter an der Austrittsstelle heraus. Einen wesentlichen Unterschied in der Wirkung verschiedener Pfeilspitzen stellte er nicht fest. Allerdings bewährten sich die zusätzlich mit Birkenteer verklebten besser, während die nur festgeschnürten gelegentlich die Umwicklungen durchtrennten und dabei den vorderen Bereich des Pfeils etwas aufspalteten. Wenn Pfeilspitzen auf einen Knochen trafen, konnten sie gelegentlich splittern, oder sie steckten so fest, daß sie nur schwer aus der Wunde entfernt werden konnten.

Etwa zwanzig der dreißig Schüsse wären für ein lebendes Schwein tödlich gewesen, während bei zwanzig Schußversuchen auf ein totes Rind aus derselben Entfernung nur sieben potentiell tödliche Verletzungen festgestellt wurden, denn oft prallten die Pfeilspitzen an den breiten Rippen des Viehs ab, manche zerbrachen sogar.

Auch in der Vergangenheit, als Pfeil und Bogen das Hauptjagdgerät waren, haben Jäger ihr Ziel oft verfehlt, den Pfeil danebengeschossen und ihn im unwegsamen Gelände verloren. Landete er in einem Baumstamm, konnte man ihn meist auch abschreiben. Bei zwei von Paulsens Versuchen drang die Pfeilspitze in erreichbarer Höhe immerhin zwei

Zentimeter tief ins Holz ein und saß so fest, daß sie nicht mehr herausgeholt werden konnte. Allenfalls war noch der Schaft zu retten, indem man ihn abbrach, ein nicht beliebig oft wiederholbares Verfahren.

Der Experimentator stellte auch fest, daß Feuersteinspitzen beim Auftreffen auf einen Stein – das ergaben Schüsse aus fünfzehn Metern Entfernung – in so kleine Splitter zersprangen, daß sie nicht mehr als Bruchstücke einer einmal sorgfältig bearbeiteten Pfeilspitze identifiziert werden konnten; auch der Schaft wurde dabei beschädigt. Selbst bei Fehlschüssen in weichen Boden können gelegentlich die Schneiden stumpf werden, was aber durch ein Nachschleifen der Kanten schnell wieder repariert werden konnte.

Die Versuche der experimentellen Archäologie haben also ergeben, daß Pfeil und Bogen eine sehr wirkungsvolle Jagdwaffe waren. Der Gletschermann war damit durchaus in der Lage, auch Großwild, vielleicht sogar einen Bären zu erlegen. Die häufigen Verluste an Pfeilen machten es aber erforderlich, daß ein Jäger ständig seinen Vorrat erneuerte. Das erklärt auch, weswegen der Gletschermann die meisten Pfeile in unfertigem Zustand mit sich trug; bei Verlust der fertigen konnte er jederzeit ganz schnell über neue Pfeile verfügen, wenn er nicht überhaupt regelmäßig bei der abendlichen Rast daran arbeitete.

In Ingolstadt versuchte Jürgen Weiner, Mitarbeiter beim Rheinischen Landesamt für Denkmalpflege und kurz zu Gast in Bayern, 1989 mit einfachen, scharfkantigen Feuersteinklingen einen toten einjährigen Damhirsch aus einem Freigehege zu enthäuten und zu zerlegen. Er arbeitete mit ungeschützten Händen und trug demzufolge verschiedene leichte Verletzungen der Handfläche davon. Sobald die Klinge stumpf wurde, wechselte er das Werkzeug. Achtzehn Minuten dauerte es, die Decke zu entfernen, und weitere 27, bis das Tier zerteilt war. Dabei wurden Sehnen, Wirbel und Fleisch zerschnitten, die Gelenke gebrochen, nur der

Brustkorb mußte mit einem größeren Stein zertrümmert werden.

Erfahrene Jäger dürften das wesentlich schneller bewerkstelligen und in der vorgeschichtlichen Zeit war der Umgang mit Steinwerkzeugen über Jahrtausende erprobt. Die beste Art des Einsatzes und bewährte Schneidetechniken wurden von Generation zu Generation weitergegeben, so daß man davon ausgehen kann, daß auch der Gletschermann, der sich ja mit seiner Ausrüstung als Jäger zu erkennen gibt und eine kleine Klinge mit sich führte, erbeutetes Wild in kürzerer Zeit zerlegen konnte.

Was ihm damals gewiß ebenfalls leicht von der Hand ging, gehört heute zu den kompliziertesten Experimenten: die Gewinnung von Pech, das heute längst von Kunststoffen ersetzt ist. Pech oder Teer war in der Vergangenheit die Grundsubstanz für Wagenschmiere, diente als Konservierungsmittel für Holz und Seile, mit ihm konnte man Tongefäße verschließen, Risse ebenso wie Holzfässer und Boote abdichten. In einem raffinierten Schwelverfahren wurde es vor allem aus den besonders ergiebigen Wurzeln alter Kiefern, aber auch aus Birken gewonnen. Für eine dauerhafte Befestigung unterschiedlicher Materialien eignete es sich hervorragend. Birkenpech verwendete man seit der Steinzeit; noch bei Kelten und Slawen läßt sich seine Verarbeitung nachweisen.

Die äußerste Schicht der Birkenrinde, der frische Bast, wurde abgezogen und wahrscheinlich in einem Keramikgefäß luftdicht verschlossen, das – mit glühender Holzkohle bedeckt – in einer Feuerstelle auf Temperaturen bis zu 400 Grad Celsius erhitzt wurde. Nach etwa fünfzehn Minuten hatte sich im ersten Experiment von Jürgen Weiner der Bast in eine zähflüssige, homogene schwarze Masse aufgelöst, die hart wird, wenn sie abkühlt. Um sie als Klebstoff verwenden zu können, muß man sie wieder erwärmen; nach kurzer Zeit wird sie formbar und kann mit Leichtigkeit auf die Umwicklung von Pfeilspitzen aufgetragen werden.

Bei drei Versuchen ist es Jürgen Weiner nur ein einziges Mal gelungen, die notwendige Konsistenz von Pech zu erzielen. Die anderen Male erhielt er entweder ein krümeliges oder inhomogenes Material, woraus hervorgeht, daß die Menschen der Vorgeschichte viel besser mit den Ressourcen ihrer Umwelt umzugehen verstanden, als es die experimentelle Archäologie heute ohne jede Überlieferung einschlägiger Techniken vermag.

Am Bodensee hat man Birkenteerbrocken mit Zahnabdrücken gefunden, was die Ausgräber zu der Deutung verführt hat, man habe Baumpech als eine Art Kaugummi genossen, wobei er allerdings nicht gerade besonders wohlschmeckend zu sein scheint. Vielleicht hat man ihn als Heilmittel verwendet.

Robert Pleyer, Grabungstechniker beim Bayerischen Landesamt für Denkmalpflege, konnte ein Beil rekonstruieren, das dem des Gletschermannes sehr ähnlich ist. Die Kupferklinge hat er von einem Spezialisten gießen lassen und abschließend die Randleisten mit einem Stein herausgearbeitet. Er hat sie dann in das gespaltene Ende des Holms eingesetzt und mit reichlich Birkenpech verklebt, so daß auch das Äußere der Schäftung damit eingerieben war; um den Schaft hat er in die noch warme und daher formbare Masse ein Lederband geschnürt.

Klinge und Schaft waren dadurch so fest verbunden, daß Pleyer mit dem Beil Bäume fällen konnte, was bei einem etwa zwanzig Zentimeter dicken Eichenstamm etwa fünfzehn Minuten dauerte. Dieses Werkzeug hat sich besser bewährt – die Klinge sitzt mit den Randleisten fest im Holm – als Steinbeile, die er ebenfalls getestet hat und deren Klingen gelegentlich aus dem Holz ausbrechen.

Das Beil des Gletschermannes war also eindeutig besser als die älteren Steinbeile, die aber immer noch in Gebrauch waren, und die gleichzeitigen Flachbeile, wie wir sie aus der Schweiz und aus Südtirol kennen. Warum der Gletschermann ein für die Zeit so hochentwickeltes Allzweckgerät besaß, läßt sich aber wahrscheinlich nicht mehr klären. Vielleicht kann der Metallurge Benutzungsspuren erkennen, die auf die mögliche Verwendung des Beils schließen lassen.

Inzwischen hat sich das Schweizerische Landesmuseum in Zürich zum Dorado der experimentellen Archäologie entwickelt, wobei ein Schwerpunkt die Metallurgie ist. Doch davon mehr im Kapitel »Auf der Suche nach Erz«.

Einen ähnlichen Steindolch, wie der Gletschermann ihn mit sich führte, hat man in Eppan-Gand bei Bozen als Einzelfund geborgen, den man als Imitation eines Kupferdolches betrachtet. Er besitzt eine deutlich abgesetzte Schulter und eine rechteckige Griffplatte. Vergleichbare Exemplare kennt man bisher nur aus Oberitalien und nicht aus dem Gebiet nördlich der Alpen.

Robert Pleyer hat auch einen Steindolch nach vorgeschichtlichen Vorbildern angefertigt. Kalkeinschlüsse und Fossilien können dabei zum Bruch des Materials führen. Mit einem großen Stein arbeitete er zunächst die Umrisse aus dem Feuerstein heraus. Um ein flaches Profil zu erhalten, verwendete er ein Stück eines Hirschgeweihs, das besonders widerstandsfähig ist. Damit konnte er die Oberfläche bis auf einen Zentimeter abtragen. Mit einem kleinen Stab aus Knochen oder Geweih werden die ausgefransten Kanten durch Druck egalisiert. Zwei bis drei Stunden dauerte es, einen fünfzehn bis zwanzig Zentimeter langen Dolch herzustellen, wie ihn der Gletschermann mit sich geführt hat. Es wird nicht viel Zeit in Anspruch genommen haben, ihn mit einem Holzgriff zu versehen.

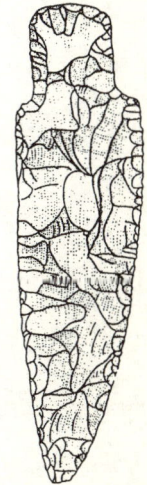

Feuersteindolch aus Eppan-Gand (Südtirol)

Die Archäologin Maria Pfaffinger hat gemeinsam mit Robert Pleyer jungsteinzeitlichen Schmuck hergestellt: Neben Tierzähnen und Muschelperlen haben sie auch Kalksteinperlen aufgezogen, wie man sie in Niederbayern gefunden hat. Aus Plattenkalkstein, den sie in Feuersteinabbaugebieten gesammelt hatten, schlugen sie kleine Rohlinge von etwa einem Zentimeter Durchmesser. Diese wurden mit Sandstein gerundet und poliert und anschließend mit einer kleinen Feuersteinspitze durchbohrt, die ähnlich wie die Pfeilspitzen an einem Schaft befestigt war, was pro Exemplar etwa dreißig Minuten gedauert hat. Ähnlich dürfte die Steinscheibe des Gletschermannes hergestellt worden sein, an der ein Lederbündel hängt. Wozu sie diente, muß unklar bleiben, solange keine vergleichbaren Funde gemacht werden, die über ihre Verwendung Aufschluß geben. Ein eindeutig praktischer Zweck ist bis jetzt nicht zu erkennen.

Wie alt ist der Gletschermann?

Daß der vorgeschichtliche Gebirgsgänger, soweit wir bisher wissen, keine Gefäße aus Ton mit sich geführt hat, erschwert die zeitliche Einordnung des »Jahrhundertfundes«. Denn für Vorgeschichtler bieten vor allem Scherben, auch wenn sie noch so unscheinbar sind, Anhaltspunkte für eine Datierung. Wenn etwa zwei Gefäße aus unterschiedlichen Kulturkreisen in einem Grab entdeckt werden, dann geht man davon aus, daß beide Kulturen gleichzeitig existiert haben.

An den Formen und Verzierungen der Keramikgefäße, die die Menschen in der Vorzeit mehr oder weniger kunstvoll töpferten, aber auch der Metallgegenstände können die Archäologen darüber hinaus regionale Besonderheiten oder Kontakte zu anderen Kulturen ablesen. Noch Generationen später erinnern oft jüngere Formen an ältere, die weiterentwickelt und deren Ornamente abgewandelt wurden. So besitzt ja auch das Beil des Gletschermannes Randleisten, die man bisher nur aus der rund tausend Jahre späteren Bronzezeit kannte, weswegen der Fund am Hauslabjoch zunächst in diese spätere Epoche datiert wurde.

Tongefäße bieten Leitformen, »Wahrzeichen« einer Gruppe von Menschen, eines Kulturkreises. So sind die glockenförmigen Becher mit ihren Stempeleindrücken (siehe oben, Seite 78) namengebend für die Kultur der Glockenbecherleute, die Mitte des 3. Jahrtausends vor Christus in Mitteleuropa lebten. Auch die Form des Kupferbeils, das beim Gletschermann gefunden wurde, ist, wie gesagt, in ganz Mitteleuropa verbreitet gewesen und läßt sich am ehesten mit ähnlichen Äxten in der Schweiz aus derselben Zeit vergleichen. Die übrigen Teile der Ausrüstung sind nur nach praktischen Gesichtspunkten angefertigt und waren weniger bestimmten Modeerscheinungen unterworfen.

Wie also können die Wissenschaftler den »Jahrhundertfund« zeitlich genauer einstufen, mit welchen der Kulturen kann er in Verbindung gebracht werden, die am Übergang der Jungsteinzeit zu den Metallzeiten im Alpenbereich bestanden? In welcher Welt lebte der Gletschermann?

Antworten darauf können zunächst, falls nicht doch noch ein chronologisch aufschlußreicher Fund zum Vorschein kommt, nur die Naturwissenschaftler geben. Vor allem die C-14-Datierung, die sogenannte Radiokarbonmethode, kann uns hier weiterhelfen. Sie beruht auf dem Umstand, daß die Erde aus dem Weltraum einen ständigen Strom kosmischer Strahlung empfängt. Stickstoff der Luft wird dabei in das Kohlenstoffisotop C 14 verwandelt. Dieses Kohlenstoffatom ist schwerer als das normale C 12, denn seine Kerne enthalten zwei Neutronen mehr; deswegen ist es instabil, es sendet beim Zerfall radioaktive Strahlung aus.

Daß radioaktiver Kohlenstoff auf der Erde existiert, vermuteten Wissenschaftler bereits in den dreißiger Jahren. Radioaktiver Kohlenstoff (C 14) wird in gleicher Weise wie C 12 von den Pflanzen aufgenommen und gelangt über die Nahrungskette direkt oder indirekt in den Körper von Tieren und Menschen. Nach Absterben eines Organismus hört die C-14-Aufnahme auf, und die gespeicherten C-14-Isotope zerfallen mit einer Halbwertszeit von etwa 5730 Jahren. Nach dieser Zeit beträgt der Anteil an C 14 nur mehr die Hälfte des ursprünglichen Wertes. Wird das organische Gewebe konserviert, geht der Zerfall weiter. Durch Messung der Strahlungsintensität läßt sich bei einem konstanten Verhältnis von C 14 und C 12 annähernd bestimmen, wieviel Zeit seit dem Absterben des Organismus vergangen ist.

Für seine Methode zur Bestimmung des Alters organischer Substanzen aus ihrem Anteil an radioaktivem Kohlenstoff erhielt Willard Frank Libby 1960 den Nobelpreis für Chemie. Seitdem erwies sie sich als nicht immer unproblematisch. Manche Archäologen zweifeln noch heute an ihrer Be weiskraft, denn sie hat das Chronologiesystem der Altertumswissenschaft ziemlich ins Wanken gebracht. Es zeigte sich beispielsweise, daß die Siedlungen der Jungsteinzeit älter sind als bisher vermutet. Auch der Beginn der Bronzezeit, der früher um 2000 vor Christus angesetzt worden war, rutschte anhand von C-14-Datierungen des Gräberfeldes von Singen in Baden-Württemberg bis auf eine Zeit von etwa 2300 vor Christus zurück.

Eine chronologische Abfolge können Archäologen am besten dort rekonstruieren, wo sich Überreste menschlicher Siedlungen aufeinandertürmen, eingebettet in sogenannte Kulturschichten, wie sie sich beispielsweise an Schweizer Seen abgelagert haben. Daß es dort aber an derselben jungsteinzeitlichen Fundstätte auch sogenannte Siedlungslücken von bis zu 500 Jahren gibt, hat erst die Radiokarbonmethode ans Tageslicht gebracht.

Libbys Datierungsverfahren wurde in den letzten Jahrzehnten verfeinert, als man erkannte, daß die C-14-Anteile in der Atmosphäre nicht immer konstant waren. Wenn die Sonne sehr aktiv ist, bei Sonneneruptionen, entsteht in der Erdatmosphäre weniger C 14. Der jährlich schwankende Anteil an radioaktivem Kohlenstoff aber läßt sich an den Jahresringen der Bäume ablesen. Um die Schwankungen der C-14-Konzentrationen in der Atmosphäre bei der Altersbestimmung korrigieren zu können, wurde die C-14-Methode mit einem anderen Chronologiesystem verglichen: der Baumring- oder Dendrochronologie.

Von den Jahresringen der ältesten Bäume der Erde, der Borstenkiefern (Pinus aristata, bristle cone pine) in den Weißen Bergen Kaliforniens, die ein Alter von mehr als 4000 Jahren erreichen, und ihrer konservierten Holzreste leiteten Wissenschaftler des Baumring-Forschungsinstituts der Universität von Arizona in den USA eine Chronologie ab, die insgesamt mehr als 8200 Jahre umfaßt.

Sie beruht auf der Beobachtung, daß an jedem Baum die

Jahresringe abhängig vom Klima, von der Feuchtigkeit und der Wärme unterschiedlich stark wachsen; in einem klimatisch günstigen Jahr werden sie dicker, in einem schlechten dünner. Während der Lebenszeit eines Baumes bildet sich so im Stammquerschnitt eine unverwechselbare Abfolge unterschiedlich starker Jahresringe, ein Muster, das sich bei etwas älteren oder etwas jüngeren Bäumen ein wenig verschoben wiederholt. So erhält man bei Bäumen, deren Wachstumszeiten sich überschneiden, langfristige Jahresringkalender, in die erhaltene Holzreste eingeordnet werden können.

Mit einer Lupe liest der Holzexperte den sorgfältig gereinigten Querschnitt einer Holzprobe Jahresring für Jahresring mit einer Genauigkeit von 0,01 Millimetern ab und gibt die Werte in einen Computer ein. Die gespeicherten Daten werden graphisch in einer Jahresringkurve dargestellt. Datierbar ist eine Probe dann, wenn ihr Muster mit einer bereits vom Computer registrierten repräsentativen Mittelkurve aus derselben Zeit übereinstimmt.

In Europa konnte man durch Überlappung von jeweils älteren Hölzern mittelalterliche Proben von Kirchendachstühlen und Fachwerkbauten mit bekannten Erbauungszeiten einordnen bis hin zu römischen Hölzern, die durch archäologische Funde datiert sind. Die Jahresringdatierung stützt sich in Mitteleuropa mittlerweile auf eine repräsentative Mittelkurve, die anhand zahlreicher verschieden alter Hölzer aus begrenzten Klimazonen gewonnen wurde. Der Holzexperte Bernd Becker von der Universität Hohenheim bei Stuttgart ist mittlerweile im 8. vorchristlichen Jahrtausend angekommen. Um diese repräsentative Mittelkurve aufstellen zu können, mußten sich die Baumquerschnitte mindestens mit dreißig Jahresringen überlappen; die Bäume mußten also mindestens dreißig Jahre gleichzeitig gelebt haben.

Gültig ist der Jahresringkalender bis jetzt jedoch nur für Eichenhölzer aus klimatisch eng begrenzten Regionen, wie zum Beispiel für Süddeutschland. Daß es in Österreich und Oberitalien noch keinen ähnlichen Kalender gibt, liegt wohl daran, daß die Menschen dort ihre Häuser vorwiegend mit Tannen- oder anderen Weichhölzern und nicht aus Eiche erbaut haben.

Wenn die sogenannte Waldkante, der letzte Jahresring direkt unter der Rinde, erhalten ist, dann läßt sich sogar das genaue Baujahr eines Gebäudes ablesen, denn der letzte Ring gibt das Jahr an, in dem der Baum gefällt wurde. So konnte in den vorgeschichtlichen Seeufersiedlungen am Bodensee und in der Schweiz die Lebensdauer von Holzbauten zum Teil aufs Jahr genau bestimmt werden. Auch Umbauphasen lassen sich anhand der Jahresringe datieren, und, was noch aufschlußreicher ist, die Dauer der Besiedlung.

Nach den ersten Untersuchungen der Botaniker scheinen die Holzgegenstände des Gletschermannes allerdings nicht genügend Jahresringe zu besitzen, um mit ihnen eine exakte Datierung vornehmen zu können. Abgesehen davon sind der Holm des Beils, der Bogen und die anderen Teile nicht aus Eichenholz gefertigt.

Durch das Aneinanderpassen charakteristischer Jahresringsequenzen erhalten wir also einen Kalender, der gleichzeitig Grundlage ist für eine Korrektur der C-14-Messungen. Denn bei der Radiokarbondatierung führen Schwankungen des C-14-Gehalts zu Toleranzen von mehreren Jahrhunderten. Während die zeitliche Einstufung mit Hilfe der C-14-Methode also nur recht vage ist, vermag die Dendrochronologie Hölzer exakt aufs Jahr genau zu datieren.

Abweichungen von einer konstanten C-14-Konzentration in der Neuzeit sind auf zwei Faktoren zurückzuführen. Die Abgabe von Kohlendioxid aus fossilen, also C-14-freien Brennstoffen hat seit Beginn der Industrialisierung eine zunehmende relative Erniedrigung der C-14-Konzentrationen in der Atmosphäre bewirkt. Dagegen führten die oberirdischen Wasserstoffbombentests ab den 1950er Jahren zu einer vorübergehenden Erhöhung des C-14-Gehalts in der Atmosphäre bis auf das Doppelte des natürlichen Anteils.

Die C-14-Messung ist sehr kompliziert. Selbst kleinste Verunreinigungen können eine Datierung verfälschen. Jede C-14-Datierung ist also nur so gut wie die Probe. Sofort nach ihrer Entnahme aus dem Boden muß sie deshalb in einem Plastikbehälter im Dunkeln und in einer Kühltruhe aufbewahrt werden. Schon beim Anfassen mit der Hand kann frischer Kohlenstoff übertragen werden und den C-14-Anteil erhöhen, ebenso wie bei einer Lagerung an der Luft; dies alles würde die Proben »jünger« machen.

Konrad Spindler hatte das Alter des Gletschermannes kurz nach dessen Entdeckung auf rund 4000 Jahre geschätzt, da Form und Material – zunächst war man von Bronze ausgegangen – für eine Datierung in die frühe Bronzezeit sprachen. Als sich herausstellte, daß das Beil tatsächlich aus Kupfer besteht, wurde diese Einordnung schon deutlich in Frage gestellt.

Wenige Wochen später, am 21. Februar 1992, wurde die verblüffende Neuigkeit bekanntgegeben, die Leiche sei deutlich älter. Die Mediziner der wissenschaftlichen Kommission in Innsbruck hatten Proben von Gewebe und Knochen an der linken, verletzten Hüfte der Mumie entnommen und sie in den Labors in Oxford und Zürich analysieren lassen. Was dabei herauskam, hielten Archäologen zunächst für höchst unwahrscheinlich: 3350 bis 3100 vor Christus. Doch daran ist nicht zu rütteln.

In Italien hat man schon damit begonnen, einige Kapitel über die Vorgeschichte neu zu schreiben.

Alpenmenschen seit der Altsteinzeit

In grauer Vorzeit waren die Alpen sicherlich für die Menschen zunächst eine unüberwindbare Barriere. Die eiszeitlichen Gletscher bedeckten die Berge, flossen in 500 bis 1200 Meter Stärke durch die Täler und reichten teilweise erheblich über das eigentliche Gebirge hinaus.

Die ersten Hinterlassenschaften unserer Vorfahren stammen vom Rande der Alpen aus der Grotte du Vallonet an der Riviera (Meer- oder Seealpen) unweit von Monaco. Die Höhle war während der dritten der sechs Eiszeiten kurz bewohnt. Die rund eine Million Jahre alten grob zugehauenen Steine gehören zu den ältesten Funden Europas. Diese primitiven Werkzeuge wurden unter anderem zum Schneiden und Schlagen verwendet. Knochen des Vorfahren des Menschen, des Homo erectus, der damals wahrscheinlich hier gelebt hat, fand man allerdings nicht.

Rund 600 000 Jahre später bauten sich Elefantenjäger an der Côte d'Azur an der Stelle des heutigen Stadtgebietes von Nizza Hütten am Meer. Darin versammelten sie sich um eine Feuerstelle. Als Werkzeuge und Waffen benutzten sie bereits Faustkeile.

Das Leben der Menschen in der Altsteinzeit war geprägt vom Wandel des Klimas; Kalt- und Warmzeiten lösten sich ab. Die sechs Eiszeiten werden nach Flüssen des bayerisch-schwäbischen Alpenvorlandes benannt: Biber-, Donau-, Günz-, Mindel-, Riß- und Würmeiszeit. Die Gletscher dehnten sich am Nordrand der Alpen bis weit ins Alpenvorland aus. Im Süden schoben sie sich von den Hochgebirgsregionen in die Täler hinab. Sie schürften Becken aus, in denen sich später Seen bildeten, und transportierten Erdreich und Geröll mit sich, die noch heute als Moränenhügel zu erkennen sind. In wärmeren Perioden konnten die Temperaturen über die heutigen Werte ansteigen. Erst dann haben sich die Steinzeitmenschen in das Hochgebirge vorgewagt.

1920 hat man Spuren des Neandertalers in der nur 35 Meter langen Repolusthöhle im Murtal nördlich von Graz entdeckt. Seine Werkzeuge aus der Zeit vor über 300 000 Jahren wurden zusammen mit Knochen des Höhlenbären gefunden. Daß damals eine Warmzeit herrschte, verraten die Skelettreste von Stachelschwein, Biber, Wildkatze, Dachs und Wildschwein. Mehrere Feuerstellen belegen, daß Altsteinzeitjäger hier wiederholt gelebt haben. In einem zehn Meter tiefen Schacht im hinteren Teil der Höhle lagen ihre Speiseabfälle.

Immerhin sind die Jäger wahrscheinlich schon vor rund 100 000 Jahren in eine Höhe von 2445 Meter aufgestiegen, wie Spuren von Feuerstellen im siebzig Meter langen Höhlensystem des Drachenlochs oberhalb von Vättis im Taminatal bei Chur, in der Schweiz, nahelegen. Steingeräte und Speiseabfälle, insbesondere vom Höhlenbären, bezeugen auch später immer wieder die Anwesenheit des Menschen im Hochgebirge.

In der Tischofer Höhle bei Kufstein kamen bearbeitete Knochenspitzen, Artefakte des Homo sapiens, zum Vorschein. Auch hier haben die Jäger vor rund 30 000 Jahren Höhlenbären aufgespürt.

Die Menschen lebten damals auch an sogenannten Freilandplätzen und unter Felsdächern, so auf der Seiser Alm zwischen Bozen und Brixen in Südtirol. Dort hat man in 1885 Meter Höhe einen Lagerplatz aus der Zeit vor mehr als 10 000 Jahren entdeckt. In der Val Rosna im Cadore wurde ein etwa dreißigjähriger Mann unter einem Felsdach in 2100 Meter Höhe begraben, vielleicht ein Opfer des Bergtodes, das man nicht ins Tal befördern konnte.

Als sich vor etwa 12 000 Jahren das Klima wieder erwärmte, drangen Jäger von Süden bis an den Alpenhauptkamm vor. Im Brixener Becken sind Fundstellen vornehmlich aus höheren Lagen zwischen 1800 und 2000 Meter bekannt. In der Zeit von 6000 bis 4500 vor Christus hielten sich die Menschen vielfach in Höhen bis zu 2300 Meter auf.

Wie ihre Unterkünfte ausgesehen haben, erfahren wir nur in den seltensten Fällen. Auf Plan de Frea unterhalb des Grödnerjochs südöstlich von Brixen haben Archäologen auf einer Höhe von 1915 Metern die Spuren einer 7,5 Meter langen Hütte freigelegt. Ihre Pfosten waren vor etwa 9000 Jahren im Schutz eines Felsblocks 45 Zentimeter in den Boden eingegraben worden. Möglicherweise haben die acht Steine, die man am Rand der Hausgrube fand, einst eine Art vorzeitliche Zeltplane, vielleicht aus Fellen, beschwert.

Weiter südlich bei Romagnano-Loc in der Nähe von Trient, entdeckten Archäologen im Tal unter einem Felsdach eine wichtige Fundstätte. Seit 1970 wurden in mehreren Grabungskampagnen am Boden des acht Meter hohen Schichtenpakets an der Terrasse über der Etsch Steinwerkzeuge und Knochenharpunen, Fischfanggeräte aus der Zeit um 8000 vor Christus freigelegt. Immer wieder suchte man in den nächsten Jahrtausenden Zuflucht unter der imposanten Felswand. Auch Gräber aus der frühen Bronzezeit gab es hier. Die jüngsten Funde aus der obersten Schicht stammen aus der Zeit um 460 nach Christus.

Auf 2150 Meter wurde 1987 in den Dolomiten der höchst gelegene Grabfund Europas entdeckt. Ein etwa vierzigjähriger Steinzeitjäger fand in Mondeval de Sora bei Cortina d'Ampezzo vor 8000 Jahren unter einem Felsdach seine letzte Ruhestätte. Professor Antonio Guerreschi von der Universität Ferrara leitet hier die Ausgrabungen.

Doch die meist zufällig entdeckten Siedlungsspuren in den Alpen spiegeln nicht die tatsächlichen Verhältnisse in der vorgeschichtlichen Zeit wider. Paul Gleirscher sowie Professor Bernardino Bagolini und Dr. Annaluisa Pedrotti, beide aus Trient, ist es unter anderen zu verdanken, daß die Hinterlassenschaften des Menschen jetzt systematisch aufgespürt werden. Bei langen Wanderungen im Hochgebirge hat Gleirscher vor allem die Umgebung des Eisacktales südlich des Brenners genauer untersucht und dabei zahlreiche Funde gemacht. Seit 1970 wurden 200 Fundplätze entdeckt. Wahrscheinlich ist auch in anderen unwegsamen Regionen mit einem Anstieg von Funden menschlicher Relikte zu rechnen.

Nach der Entdeckung der Gletschermumie gab es eine intensive Begehung des Schnalstales von Wissenschaftlern des Denkmalamtes in Bozen und der Universität von Trient. Doch kamen in den hohen Lagen bislang fast nur Funde aus älteren Epochen ans Tageslicht. Aus der Zeit des Gletschermannes, aus der Kupferzeit, hingegen wurden Relikte unterhalb von Schloß Juval am Eingang des Schnalstales entdeckt. Es ist ein merkwürdiger Zufall, daß der Besitzer des Schlosses Reinhold Messner ist. Von hier aus könnte der vorgeschichtliche Bergsteiger aufgebrochen sein, hier könnte seine Heimat gewesen sein.

In der frühen Jungsteinzeit, ab dem 4. Jahrtausend vor Christus, führte die Jagd die Menschen nach wie vor in das Hochgebirge. Doch aus Sammlern und Jägern wurden allmählich Bauern, die Feldwirtschaft und Viehzucht trieben, seßhaft wurden und sich Häuser bauten. Nahrungsmittel selbst zu produzieren und sogar Überschüsse zu erwirtschaften bedeutete für den Menschen der Vorzeit Unabhängigkeit vom natürlichen Nahrungsangebot.

In einem Teilgebiet des Vorderen Orients, dem Fruchtbaren Halbmond, hat diese Wirtschaftsform ihren Ursprung. In einem Regensteppenstreifen, der sich von Ägypten über Palästina bis zum Oberlauf des Tigris, von dort aus an den türkisch-iranischen Gebirgsketten entlang bis zum Persischen Golf erstreckt, sammelte man vor mehr als 10 000 Jahren Wildgetreide und versuchte es über längere Zeit in Erdgruben zu lagern. Der Beginn der Vorratshaltung bedeutete eine allmähliche Abkehr vom Wildbeuterdasein.

Zwar bildeten Jagd und Sammeltätigkeit noch immer die hauptsächliche wirtschaftliche Grundlage, aber bereits um 8000 vor Christus versuchte man dort Wildpflanzen zu kultivieren. Wahrscheinlich hatten die Menschen die wilden Formen des Weizens, Wildeinkorn und Wildemmer, gesammelt. Aus der Beobachtung, daß liegengebliebene Körner im nächsten Frühjahr keimten, hat man wohl die Technik der Aussaat entwickelt. Ausgrabungen im Vorderen Orient lieferten den Nachweis, daß dort nicht nur Getreide, sondern auch Lein (Flachs), Erbse und Linse kultiviert wurden. Was die Menschen damals nicht für die tägliche Nahrung benötigten, wurde aufbewahrt und ausgesät, wozu das Erdreich mit primitiven Hacken und Stöcken gelockert wurde. Die Auswahl des Saatgutes führte zur Vergrößerung der Samen und der Pflanzen, was die Erträge steigerte und ausgedehnte Vorratshaltung ermöglichte.

Erst nachdem sich die Menschen für längere Zeit an einem Ort niedergelassen hatten, konnten sie mit Erfolg auch Wildtiere domestizieren. Dies bedeutete nicht nur, junge Tier einzufangen, sondern sie zu halten und für eine regelmäßige Fortpflanzung zu sorgen. Bei der Viehzucht spielten die natürlichen Verbreitungsgebiete der Wildformen eine Rolle. Man wählte die Tiere aus, die für eine Haltung als Nutztier und Nahrungslieferant besonders geeignet waren: Schaf und Ziege, Schwein und Rind.

Knochenabfälle in Siedlungen ab dem Ende des 8. Jahrtausends verraten, daß schon damals vorwiegend Haustiere zur Ernährung beitrugen. So hat man beispielsweise unter den Ruinen des biblischen Jericho im Jordantal in mehrere Meter hohen Schichten unter anderem aus der Zeit zwischen 7250 und 6500 vor Christus Getreidekörner, Hülsenfrüchte und Knochen von Hausziegen geborgen, die die Gazelle als Hauptfleischlieferanten verdrängten. Domestizierte Ziegen und Schafe waren wesentlich kleiner als die Wildformen. Das erklärt man damit, daß bei den Wildziegen und -schafen nur die stärksten männlichen Tiere einer Herde zur Fortpflanzung kamen und daß die Wildformen bei ihren Wanderungen die natürliche Futtervielfalt vorfanden. Dagegen führte die einseitige Ernährung der Haustiere rasch zu Mangelerscheinungen, was sich auf das Wachstum auswirkte.

Vielfältige Kontakte, etwa durch Wanderbewegungen und Handelsbeziehungen, aber auch in kriegerischen Auseinandersetzungen, haben die neuen Errungenschaften verbreitet. Auch entlang der großen Flüsse Europas setzten sich Ackerbau und Viehzucht durch, vor allem auf den fruchtbaren Lößböden.

Die Entwicklung von der jagenden und sammelnden zur bäuerlichen Lebensweise, von der aneignenden zur produktiven Wirtschafts- und Lebensform, dauerte lange. Rückschläge und neue Versuche bei Kultivierung und Domestizierung haben allmählich zu dem Umschwung geführt, den wir heute »neolithische Revolution« nennen – eine problematische Bezeichnung, da sie weder räumlich noch zeitlich eng eingegrenzt werden kann. Auch in Mitteleuropa vollzogen sich diese Veränderungen nur langsam. Immerhin bestand diese Lebensweise in ihren Grundstrukturen bis zur industriellen Revolution in der Neuzeit fort.

Wie kaum eine andere Erneuerung in der Menschheitsgeschichte veränderte die Einführung des Getreideanbaus und der Tierhaltung nicht nur das Leben der Menschen, sondern auch nachhaltig die Umwelt und das Landschaftsbild. Geschlossene Wälder wurden gerodet, um Acker- und Weideland zu gewinnen. Mit den gefällten Bäumen wurden Häuser errichtet, und es entstanden Dörfer.

Das Leben mußte gesellschaftlich organisiert werden. Das Dasein des Bauern wurde allmählich erleichtert durch technologische Erfindungen: Ackerbaugeräte wie der Pflug wurden hergestellt, Mahlsteine für das Getreide angefertigt, Öfen für das Backen von Getreide und für das Brennen von Keramik gebaut, Steinbeile für die Holzbearbeitung geschliffen und schließlich Rad und Wagen für den schnelleren und effizienteren Transport konstruiert.

Die Wolle der Schafe lieferte Rohmaterial für Textilien, die auf hölzernen Webstühlen verarbeitet wurden. Bei Ausgrabungen läßt sich die Verarbeitung von Garnen und Stoffen an den Stellen nachweisen, wo viele Spinnwirtel oder Webgewichte liegen. Doch nur selten gewinnen wir detaillierte Einblicke in das Leben der Bauern. Oft geben nur Fragmente etwa von Mahlsteinen Auskunft darüber, daß an dieser Stelle einst Menschen gelebt und gearbeitet haben.

Im 5. Jahrtausend entwickelte sich in Oberitalien bis hinauf zur oberen Etsch die Kultur der Vasi a bocca quadrata. Gefäße mit einem runden Körper und quadratisch geformter Mündung, die mit geometrischen Verzierungen wie Spiralen, Mäandern, Gitterfeldern und schraffierten Dreiecken versehen waren, haben ihr den Namen gegeben. Kulturbeziehungen zum Balkan lassen sich anhand von Frauenstatuetten aus Ton und Tonstempeln mit geometrisch eingeritzten Ornamenten erschließen, die wohl auch der Körperbemalung dienten.

Waren Sammler und Jäger vorher wahrscheinlich mit Leder-, Rinden- und Holzbehältern unterwegs – zerbrechliche Gefäße hätten sie in ihrer Bewegungsfreiheit behindert –, so wurde die Keramikherstellung sicher erst von seßhaften Menschen entwickelt. Ihre »Erfindung« stellen sich die Archäologen so vor: Mit Lehm abgedichtete, geflochtene Behälter sind zufällig ins Feuer geraten, die Wandung trocknete aus und wurde hart. Modelliert wurden die Gefäße zunächst aus freier Hand in verschiedenen Techniken. Allmählich haben die Töpfer dem Ton Sand, Kreide, zerstoßene Muscheln und organische Substanzen wie Stroh beigemengt. Durch diese Magerung erreichte man, daß der Ton beim Vortrocknen nicht reißt und die Form sich nicht verzieht. Gebrannt wurden die Gefäße im offenen Feuer oder in speziellen Töpferöfen. Sie erleichterten wesentlich das Zubereiten von Mahlzeiten und die Lagerung von Lebensmitteln.

Die Siedlungen der Vasi-a-bocca-quadrata-Kultur lagen noch immer unter Felsdächern, auf Schuttkegeln, auf Hangterrassen, an Seen und ab dieser Epoche zunehmend auf Kuppen, wo man sowohl vor natürlichen Gefahren wie Lawinen und Steinschlag, aber auch vor Wildtieren und Feinden Schutz fand. Ob diese Anlagen damals schon befestigt waren, wissen wir nicht. Auffällig ist allerdings ihre Lage an strategisch wichtigen Stellen, wie zum Beispiel auf dem 600 Meter hohen Johanneskofel nördlich von Bozen, der fast auf allen Seiten senkrecht abfällt und nur von Osten her einen Zugang bietet. Die Fläche hat eine Ausdehnung von etwa 2000 Quadratmetern. Einzelne Funde lassen sich ins 4. Jahrtausend datieren und bezeugen eine Besiedlung zu einer Zeit, die »nur« noch durch einige Jahrhunderte von der des Gletschermannes getrennt ist.

Auf dem Johanneskofel hat man auch erste Hinweise auf Verbindungen über die Alpen hinweg nach Süddeutschland und in die Schweiz gefunden. Eine Scherbe beispielsweise trägt das gleiche Blattzweigmuster wie Keramik von Schernau in Unterfranken. Hat man mit den Gefäßen, die mit diesen Mustern verziert waren, gehandelt? Oder hat sich die Schmuckform verbreitet? Oder sind Menschen von Unterfranken in den Süden abgewandert? Möglicherweise gab es einen Handelsweg von Südtirol über den Brenner und durch das Inntal, der natürlich in beiden Richtungen benutzt wurde.

Auf dem mächtigen 759 Meter hohen Porphyrfelsrücken St. Hippolyt bei Tisens, einer Hochfläche etwa 500 Meter über der Etsch, sind Funde aus der Jungsteinzeit (4. Jahrtausend vor Christus) bis hinein in die Bronzezeit (2. Jahrtausend) bekannt. Einige Geräte bestehen aus Bergkristall, was im Südalpenraum bis in die Kupferzeit hinein nicht selten ist.

Auch auf dem Burgfelsen von Säben südlich von Brixen

wurden Funde aus dieser Zeit gemacht. Einige der Plätze sind bereits Ende des letzten Jahrhunderts entdeckt worden, doch mit modernen Grabungsmethoden wurden die wenigsten untersucht. Am Hang und auf der Kuppe des 340 Meter hohen Sigmundskron bei Bozen hat man 1976 neben Keramik der Vasi-a-bocca-quadrata-Kultur Stein- und Knochenpfeilspitzen ausgegraben. Auch die Anhöhen des Monte Baldo am Gardasee haben Menschen zu dieser Zeit aufgesucht.

Ackerbau und Viehzucht breiteten sich aus, während die Jagd auf Hirsch, Gemse und Bär keine so große Bedeutung wie früher besaß. Frühformen von Gerste und Weizen lassen sich ebenso nachweisen wie die Haltung von Schafen und Ziegen, weniger häufig von Schweinen und Rindern. Sogar künstliche Terrassierungen für den Ackerbau am Hanggelände scheint es auf 850 Meter Höhe bei Völs am Schlern in der Nähe von Bozen gegeben zu haben.

Feuersteinklingen, sogenannte Erntemesser, die mit einem Holzgriff geschäftet waren, und verkohlte Samen von Gerste und Weizen bezeugen den Getreideanbau in der Siedlung von La Vela bei Trient. Daß auch Himbeeren und Haselnüsse auf dem Speisezettel standen, verraten die Samen und Schalen, die man hier gefunden hat.

Auf Friedhöfen wie bei La Vela in der Umgebung von Trient und in Eppan-Gand, südlich von Bozen, hat man die Menschen in kleinen Gruppen beerdigt. Mit angezogenen Beinen, in der sogenannten Hockerhaltung, wurden sie zur letzten Ruhe gebettet. Sie lagen mit Blickrichtung nach Osten oder Westen in einer durchschnittlich einen mal eineinhalb Meter großen und einen halben Meter tiefen Grabkammer mit einer steinernen Abdeckung. Die Seitenwände der sogenannten Steinkisten bestanden aus mehreren senkrecht gestellten Platten. Zu den typischen Grabbeigaben der Männer gehören ein geschliffenes Steinbeil, eine größere Feuersteinklinge und mehrere Feuersteinpfeilspitzen. Den

Frauen hat man anscheinend keinen Schmuck mit auf die Reise ins Jenseits gegeben.

Diese Art der Bestattung in Steinkisten entspricht einem in der Schweiz und in Oberitalien geübten Totenbrauch, der von der Jungsteinzeit bis in die folgende Kupferzeit zu beobachten ist, wie beispielsweise in Sion (Sitten) in der Schweiz, wo die Gräber unter bis zu fünf Meter hohen Erosionsschichten verborgen waren.

Daß die Lebensbedingungen in den Alpen in der Vorgeschichte erheblich schwieriger waren als heute, versteht sich von selbst. Die klimatischen Verhältnisse haben das tägliche Leben viel stärker geprägt, obwohl schon im 8. Jahrtausend Schneegrenze und Gletscherstand den heutigen Höhen entsprochen haben sollen.

Der Lebensraum jedoch war im Verhältnis zu heute kleiner, denn die ausgedehnten Flußauen waren von Hochwasser bedroht. Erst die Regulierungen ab dem 18. Jahrhundert ermöglichten eine weiträumige Besiedlung der Täler. Man hat allerdings noch keine Hinweise darauf gefunden, wie man in vorgeschichtlicher Zeit reißende Flüsse oder Bäche überquert hat.

Auch die Baumgrenze soll ungefähr die heutige Höhe erreicht haben. Der Glaziologe Professor Gernot Patzelt und der Botaniker Professor Sigmar Bortenschlager von der Universität Innsbruck haben seit 1969 die in den Alpenmooren konservierten Blütenpollen untersucht. Sie konzentrierten sich dabei auf den Ofenberg, mit 2760 Metern das höchste Moor der Alpen, und auf den Raum Obergurgl, der unweit des Similaungipfels liegt, in dessen Nähe der Gletschermann gefunden wurde. In diesen Archiven spiegeln sich Veränderungen der Vegetation und Eingriffe durch den Menschen wider, und zwar schon in einer Epoche vor Ötzis Lebzeiten.

Anhand von C-14-datierten Blütenstaubkörnern haben sie nachgewiesen, daß dort, auf 2300 Meter Höhe, vor 6000 Jahren Weidewirtschaft betrieben wurde. Sie gehen davon aus, daß der Mensch durch Brandrodung die Baumgrenze nach unten gedrückt hat. Als Nachweis dienen ihnen unter anderem der in Relation zu Baumpollen anwachsende Anteil des Pollens von Doldenblütlern bei gleichzeitiger Abnahme des Blütenstaubs von Zwergsträuchern, die gerodet worden sind. Auch Holzkohle findet sich in diesen Archiven im Torf, ein weiteres Indiz für die Thesen von Sigmar Bortenschlager. Die Hochweiden boten auf der flachen Hochebene in den Ötztaler Alpen bis auf 2700 Meter ideale Futterpflanzen mit vielen Kräutern. Daß Pollen aus weiter entlegenen Gebieten durch Fernflug in die Moore gelangten und dort gespeichert worden sein können, schließt Bortenschlager anhand von Vergleichen mit heute beobachtetem Transport von Blütenstaubkörnern aus. Auch in der Schweiz will man ähnlich frühe Eingriffe in die Natur durch Brandrodung in einer Höhe von 2100 Metern festgestellt haben.

Eine Wanderweidewirtschaft vor etwa 5000 Jahren? War der Gletschermann ein Hirte, der mit Schafen und Ziegen von einer Weide zur anderen zog und dabei mit seiner Herde unter Felsdächern Zuflucht suchte?

Ein regelrechter Almbetrieb mit Hütte und Milchwirtschaft in den Alpen ist laut Paul Gleirscher erst vor mehr als 2000 Jahren nachweisbar, als die Kelten Sensen benutzten, die längere Schneiden als die Sicheln besaßen und daher beim Grasmähen effektiver waren. In Sanzeno am Nonsberg in Südtirol hat man nicht nur Sensen gefunden, sondern auch gleichzeitige Glocken von Leit- und Jungtieren, die ebenfalls auf ausgeprägte Almwirtschaft hinweisen. Bei den Römern schließlich spielte sie sicherlich eine große Rolle, denn Käse wird von antiken Autoren gerühmt.

Wenn überhaupt, so kann in der Vorgeschichte dieses Raumes höchstens mit nomadisierenden Hirten gerechnet werden. So hat denn auch Konrad Spindler wiederholt die Vermutung geäußert, daß der Gletschermann einst ein Hirte gewesen sei, dessen Ausrüstung »inklusive Reiseapotheke«

mit desinfizierendem Birkenpilz in der Tat für einen längeren Aufenthalt in den Hochalpen spricht.

Wenn sich die Menschen in der Jungsteinzeit tatsächlich die Mühe gemacht haben sollten, ihre Tiere auf diese Höhen hinaufzutreiben, dann muß man allerdings eine relativ dichte Besiedlung der Täler voraussetzen. Wie viele Menschen damals in den Alpen gelebt haben, wissen wir aber nicht annähernd.

Die Verkehrsbedingungen waren erheblich erschwert. Pässe wie der Brenner oder der St. Bernhard in der Schweiz wurden damals schon überquert, allerdings erst ab dem späten Frühjahr bis in den Herbst. Vorwiegend in Nord-Süd-Richtung hatte man bereits in der Jungsteinzeit Kontakte über den Alpenhauptkamm hinweg. Das verraten die Funde von Kulturen nördlich der Alpen im Inntal und etwa die Keramik aus Unterfranken, die man auf dem Johanneskofel südlich des Alpenhauptkammes gefunden hat.

Ab der frühen Bronzezeit, also seit etwa 2300 vor Christus, konzentrieren sich menschliche Niederlassungen an strategisch wichtigen Stellen entlang der Route über den Alpenhauptkamm hinweg, und es entwickelten sich engere Kontakte im Zusammenhang mit dem Kupferhandel.

Einem besonderen Glücksfall ist es zu verdanken, daß in der sonst nicht gerade fundreichen Region Tirol eine wichtige Befestigung ans Tageslicht kam. Dort, wo seit 1964 der letzte Pfeiler der Europabrücke südlich von Innsbruck steht, auf dem Patscherhügel, lebten auf einer Höhe von 860 Metern schon vor mehr als 4000 Jahren Menschen. Auf ihre Spur kam man bei einer Feier anläßlich des ersten Spatenstichs am 25. April 1959. Einige frühbronzezeitliche Scherben waren einer geschichtsbegeisterten Teilnehmerin der Festveranstaltung aufgefallen. 1960 fanden schließlich Ausgrabungen statt. Sie förderten nicht nur weitere Scherben und Tierknochen von Rind, Schaf, Ziege und Schwein zutage, sondern auch bis zu drei Meter starke und einen Meter hohe Mauerreste. Man hatte eine umwehrte Siedlung der frühen Bronzezeit auf künstlich terrassiertem Gelände entdeckt. Daß der Ort mit seinen Blockbauten bei einem Brand untergegangen sein muß, verraten die Holzkohleschichten mit verglühten Scherben. Doch wie so oft standen die archäologischen Überreste den termingebundenen Baggerarbeiten im Wege: Die vorgeschichtliche Siedlung am Patscherhügel ist der Brennerautobahn zum Opfer gefallen.

Auch damals haben Muren, Bergstürze und Lawinen das Leben der Menschen gefährdet. Sie haben Siedlungen unter sich begraben, Felder und Weiden, Friedhöfe, wie die von Sion (Sitten) in der Schweiz. Allerdings dürfte das Ausmaß der Zerstörung nicht annähernd so groß gewesen sein wie heute, da die Wälder noch relativ intakt waren. Immerhin bestehen heute vierzig Prozent des Ötztales aus alten Muren. Als größte mit einer Länge von 13,25 Kilometern gilt die Malser Heide. Viele archäologische Funde kommen deshalb nur zufällig ans Tageslicht: beim Haus- und Straßenbau, im Steinbruch oder bei Weinbergarbeiten. Oft werden uralte Hinterlassenschaften des Menschen hochgepflügt. Viele Zeugnisse aus früheren Epochen stecken also noch unentdeckt im Boden, von Wald und Weide bedeckt.

Immer häufiger spüren Archäologen systematisch Geschichtsdenkmäler auf, wie seit 1980 in Bayern. Nachdem englische Piloten der Royal Air Force vor allem im Nahen Osten vom Flugzeug aus sensationelle Entdeckungen gemacht hatten, setzte man die Luftbildarchäologie vor etwa sechzig Jahren auch in England ein. In Bayern haben sich in der Zwischenzeit die Fundstellen durch Entdeckungen aus der Luft mehr als verzehnfacht. Die Fotos werden jetzt mit Hilfe von Computern entzerrt und können maßstabsgetreu direkt auf Karten übertragen werden.

Überall dort, wo der Mensch einmal in den Boden eingegriffen hat, gibt es charakteristische Merkmale, die aus der

Luft gesichtet und fotografiert werden können, denn ein höherer Standpunkt läßt größere Zusammenhänge erkennen. Im Frühjahr und im Herbst zeichnen sich in den frisch gepflügten Äckern Unterschiede in der Verfärbung des Bodens ab, die auf Kulturüberreste aus längst vergangener Zeit verweisen. An Stellen, wo beispielsweise einmal Pfosten standen, heben sich ihre Spuren deutlich von der Umgebung ab. Bei schräg einfallendem Sonnenlicht sind alte, flache Reliefstrukturen zu erkennen, ebenso Vegetationsmerkmale, etwa unterschiedliche Halmlängen, die verschiedenartigen Untergrund verraten. So wachsen über alten Mauerzügen von römischen Villen kürzere Halme, die wegen schlechter Wuchsbedingungen schneller gelb werden, was aus der Luft gut beobachtet werden kann, nicht jedoch vom Boden aus nächster Nähe.

Unterschiedliche Bodenfeuchtigkeit läßt sich ebenfalls aus der Luft als Spuren des Menschen ausmachen. So sind Humusfüllungen ehemaliger Vorratsgruben oder Gräben meist feinkörniger als die Umgebung, da vor allem feine Teilchen in die Vertiefungen eingespült worden sind. Sie speichern das Wasser länger und zeichnen sich als sogenannte Feuchtemerkmale ab, sind dann aber nur für einige Tage oder sogar nur für wenige Stunden zu sehen.

Auch bei Überschwemmungen können Geschichtsdenkmäler zum Vorschein kommen, wie Grabhügel, die, vom Wasser umspült, als kleine Inselchen auftauchen. In alten Gräben kann sich dann das Wasser länger als in der Umgebung speichern.

Im Winterschnee sind im Boden versteckte Strukturen leichter zu erkennen. In der Abendsonne können sich deutlich Grabhügel als lange Schatten abheben. Selbst minimale Temperaturunterschiede können bewirken, daß der Schnee über Gräben länger liegenbleibt als in der Umgebung.

Neben Neuentdeckungen kann aus der Luft auch der Erhaltungszustand der Geschichtsdenkmäler kontinuierlich überwacht werden. Denn vor allem die Landwirte tragen mit ihren tief in das Erdreich eindringenden Pflügen wesentlich dazu bei, daß ehemalige Wälle, beispielsweise von keltischen Kultplätzen, den sogenannten Viereckschanzen, allmählich eingeebnet werden. So sind in den letzten vierzig Jahren derartige Erdeinfassungen bis zu einem Meter abgetragen worden.

In den Alpen sind ähnliche Strukturen hingegen oft unter Wäldern und Weiden verborgen, und unter Grasflächen heben sich keine Strukturen ab, weil sie von einem einheitlichen, flächendeckenden Wurzelwerk überzogen sind, so daß hier die Luftbildarchäologie kaum zur Entschlüsselung der Vor- und Frühgeschichte beitragen wird.

Das Leben in Pfahlbausiedlungen

Seit Menschengedenken, so erinnerten sich die Anwohner des Bodensees im 19. Jahrhundert, hatte man sich am Ufer mit Feuerstein eingedeckt, aus dem in Schlagfeuerzeugen mittels eines Stahls Funken geschlagen wurden, die Hobelspäne zum Glimmen brachten. Diese Steine wurden dort angeschwemmt, wo man später ganz Erstaunliches entdeckte.

Am Zürichsee ging die Legende, daß an den zwei Untiefen, dem »Kleinen« und dem »Großen Hafner«, die Töpfer einst auf Geheiß der Obrigkeit ihre mißlungenen Häfen (Töpfe) hätten versenken müssen. Den Hintergrund für diese Legende bildeten wahrscheinlich Scherben von Tongefäßen, die immer wieder ans Ufer gespült wurden, jedoch so stark mit Kalk verkrustet waren, daß nicht einmal Ferdinand Keller, der Präsident der Antiquarischen Gesellschaft in Zürich und Wegbereiter der Pfahlbauforschung, sie Mitte des 19. Jahrhunderts als Überreste vorgeschichtlicher Töpferwaren erkannte.

Obwohl man nachweislich nach 1472 bei Nidau am Bieler See eine Gegend »In den Pfählen« genannt hat, konnte man nicht ahnen, daß die Feuersteinvorkommen und die Scherbenkonzentrationen am Ufer mit den seit jeher im Wasser stehenden Hölzern etwas zu tun hatten. Immerhin hat Mitte des 16. Jahrhunderts der Bürgermeister von St. Gallen Pfahlreste bei Arbon (Kanton Thurgau) und bei Rorschach (Kanton St. Gallen) als Überbleibsel alter menschlicher Siedlungen gedeutet. 1768 hielt der Stadtschreiber von Nidau die erwähnten Pfähle für Überreste von Fischfangkonstruktionen.

Als der Sempacher See bei Luzern 1806 abgesenkt wurde, tauchten am Ufer bronzene Lanzenspitzen, Nadeln, Messer und gut erhaltene Eichenpfähle auf. Für »celtische, also alt-

Erste Pfahlbaurekonstruktion mit Häusern auf einer Plattform

helvetische« Funde hielt man sie noch einige Jahrzehnte später. In der Bucht von Mörigen am Bieler See angelte 1843 ein
Fischer mit dem Netz »ein Gefäß von röthlicher Erde« aus
dem Wasser, dort, wo ebenfalls Pfähle dem Fischfang schon
seit langem im Wege standen.

Bei der Ausbaggerung eines Hafens in Männedorf in der
Schweiz 1843/44 erinnerten Ferdinand Keller die freigelegten dunklen Schichten an die »Reste einer uralten Gerberei«.
Schließlich fand man im Pfahlfeld von Nidau – man vermutete, daß hier einmal ein römisches Holzkastell gestanden
habe – Scherben, die denen in Mörigen am Bieler See auffallend ähnelten. Ein späterer Mitarbeiter Kellers schloß aus

(nach Ferdinand Keller, 1854)

den Balken, daß sie »ein uraltes Pfahlwerk [seien] von der
Substruction einer bedeutenden Ansiedlung aus einer Zeit,
wo der Seespiegel des Sees noch nicht die jetzige normale
Höhe erreicht hatte«. Damals war man sich also schon bewußt, daß Siedlungsreste aus der Vorgeschichte entdeckt
worden waren.

Der sehr kalte und niederschlagsarme Winter 1853/54
brachte schließlich mit dem niedrigsten Wasserstand seit
langem für die Amateurforscher am Zürichsee in der Bucht
von Obermeilen Sensationelles ans Tageslicht. Was sie später
»Culturschicht« nannten, enthielt neben Pfählen eine Un-
menge von Tierknochen und eigenartige Gegenstände aus

Geweih, Ton, Holz und Knochen. Auch Steinbeilklingen waren darunter, deren Formen Keller bereits kannte. Nachdem er die übrigen Fundstellen bereist hatte, veröffentlichte er 1854 sein Buch »Die keltischen Pfahlbauten in den Schweizer Seen«.

Angeregt durch die Reiseschilderungen von James Cook über Neuseeland und Beschreibungen und Illustrationen des Franzosen Jules Dumont d'Urville vom Westen Neuguineas, wo noch Pfahlbauten bewohnt wurden, entwickelte Keller die Vorstellung von Menschen, die hier einmal auf Plattformen über dem Wasser gelebt haben.

Weil alles, was damals zeitlich nicht eingeordnet werden konnte, in die vorrömische – die Römer eroberten das Gebiet der heutigen Schweiz erst im 1. vorchristlichen Jahrhundert –, also in die keltische Epoche, eingestuft wurde, datierte Keller die Funde ebenfalls in diese Zeit. Er und seine Mitarbeiter berichteten regelmäßig in den »Mitteilungen der Antiquarischen Gesellschaft« von den Neuentdeckungen, was bald auf großes Interesse in der Öffentlichkeit stieß. Schriftsteller und Maler wurden von dem vorgeschichtlichen Erbe, das aus dem Wasser auftauchte, angeregt wie etwa D. F. Weinland, der mit seinem Roman »Rulaman« das »romantische« Leben am Wasser einem breiten Publikum bekannt machte.

Am Pfäffiker See bei Robenhausen entdeckte ein Landwirt 1858 Siedlungsreste, deren Erhaltung so hervorragend war, daß die Ausgrabungsstätte schnell zu einem Mekka für Pfahlbauforscher wurde. Gabriel de Mortillet erkannte 1872, daß diese Relikte aus der Jungsteinzeit (zweite Hälfte des 4. Jahrtausends) stammen, also aus einer Zeit, in der unser Gletschermann gelebt haben könnte.

Das Pfahlbaufieber verbreitete sich in ganz Mitteleuropa: Franzosen, Österreicher und Deutsche suchten im seichten Uferwasser der Seen nach hölzernen Resten der Vorzeit. Fündig wurde man unter anderem im Salzkammergut, und

Schweizer Amateurforscher machten 1863 am Vareser See in Italien fünf Pfahlbausiedlungen aus.

Neue Impulse erhielt die Pfahlbauforschung von der ersten Juragewässerkorrektur am Bieler und am Neuenburger See sowie am Murtensee in der Schweiz, die zwischen 1869 und 1888 den Wasserspiegel um bis zu 2,5 Meter absenkte. Was Jahrtausende im Wasser konserviert war, drohte jetzt vom Wellenschlag weggespült zu werden.

Beim Tieferlegen eines Brunnens in Twann am Bieler See stieß man 1874 auf Kulturschichten, die gerade wieder in den letzten Jahren das Interesse der Archäologen auf sich gezogen haben. Ebenfalls 1874 grub der königliche Landrichter an der Roseninsel des Starnberger Sees in Bayern Relikte aus der Jungstein-, der Bronze-, der Kelten- und Römerzeit aus. 1895 untersuchte auch Johannes Ranke, der Gründer der Prähistorischen Staatssammlung in München, die Umgebung der Insel; die Funde von damals sind heute jedoch teilweise verschollen.

Ein Förster in Oberschwaben hatte von den Entdeckungen in der Schweiz gehört. Als er 1875 beim Torfstechen im Federseemoor auf Knochen, Scherben und Hölzer stieß, legte er sie außergewöhnlich sorgfältig frei und zeichnete genaue Pläne von den Fundstellen, während die zeitgenössischen Pioniere der Pfahlbauforschung meist nur den Boden nach Altertümern durchwühlten, ohne die Fundumstände zu beachten, die ja erst genauen Aufschluß über die Zugehörigkeit der Gegenstände zu einer Kulturepoche geben.

Noch schlimmer trieben es die Schatzgräber, die auf der Suche nach »Antiquitäten« die Kulturschichten so nachhaltig zerstörten, daß es sich heute kaum mehr lohnt, sie genauer zu untersuchen. Die Nachfrage war so groß und das Geschäft so einträglich, daß auch Fälschungen hergestellt wurden, die manchmal selbst Experten für echt hielten: Vor allem bei Knochengeräten fiel eine eindeutige Identifizierung schwer, während Steinbeilimitationen meist leicht zu erken-

Rekonstruktion des Dorfes von Aichbühl am Federsee (4200 bis

nen waren. Schließlich wurden Raubgrabungen verboten und die Fälscherringe gerichtlich verfolgt.

Ganze Privatsammlungen sind so entstanden, die später verschiedentlich an Museen übergingen. So besitzt das Rosgartenmuseum in Konstanz eine einmalige Sammlung neolithischer und bronzezeitlicher Werkzeuge und Geräte. Doch manchmal läßt sich nicht einmal mehr der Fundort der Objekte ausmachen, was sie für die Wissenschaft fast wertlos macht.

Forscher der Universität Tübingen haben zwischen 1919 und 1930 erstmals komplette Siedlungen – vor allem im Fe-

Der Leichnam mit Oberflächenverletzungen am Hinterkopf und dem abgeknickten linken Ohr war bei der Bergung wenige Tage später wieder von Schnee bedeckt

Reinhold Messner und Hans Kammerlander bei der Begutachtung der Leiche am 21. September 1991

Die raffinierte Konstruktion der Schuhe mit einer Bärenfellsohle und einem Oberleder aus Hirschfell, daneben das Innenleben des Schuhs: ein Netz aus geflochtenen Grasschnüren, das das Heu gegen die Kälte fixierte

Der Gürtel aus Kalbsleder mit einem aufgenähten Lederband, das als Tasche diente und an heutige Gürteltaschen erinnert: Zum Inhalt gehörten eine Knochenahle und Geräte aus Feuerstein

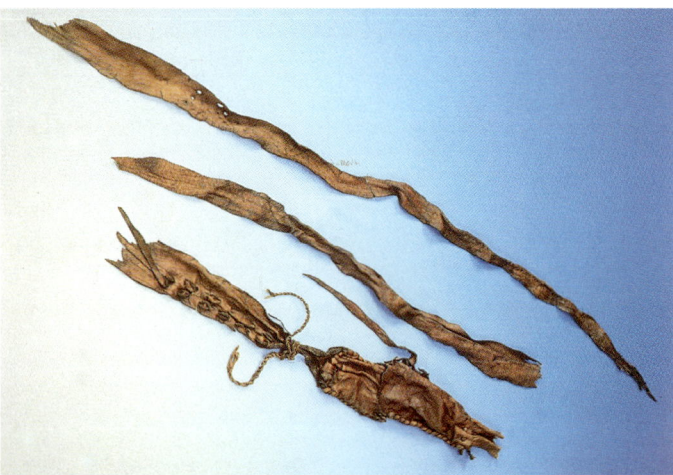

Die Bärenfellmütze mit den beiden Lederbändern

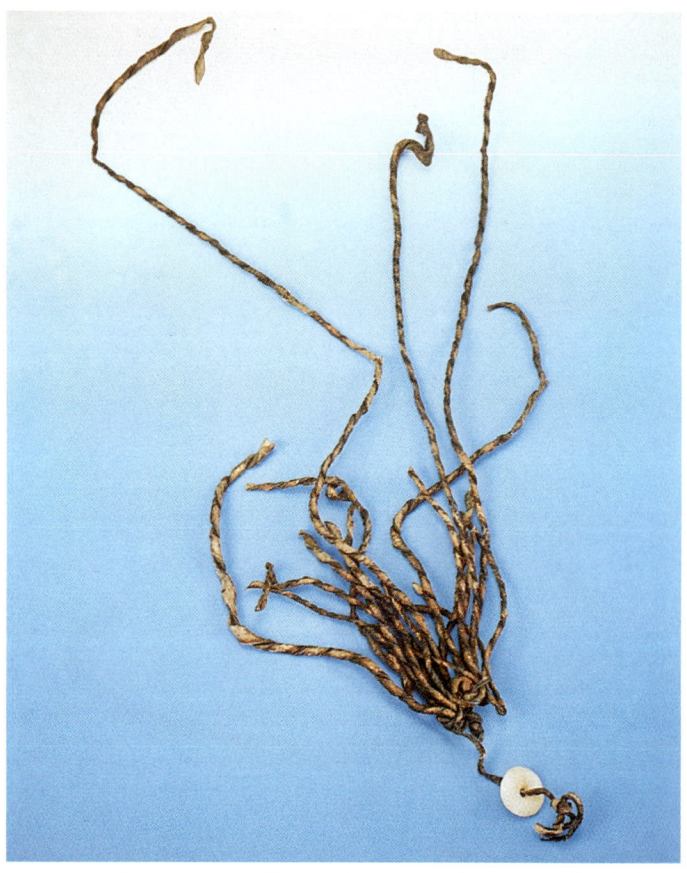

Eine Steinscheibe aus weißem Dolomit mit schmalen, aufgedrehten Fellstreifen – war es ein Amulett und sollte womöglich böse Geister abwehren?

Der Dolch aus Feuerstein aus den Monte Lessini mit seinem Griff aus
Eschenholz: Die Klinge war in einen Schlitz des Holzes eingelassen
und mit Sehnen befestigt, die Scheide besteht aus Baststreifen

Das Beil aus Kupfer, das zunächst für Bronze gehalten wurde und den Wissenschaftlern Rätsel aufgab – ein Allzweckgerät

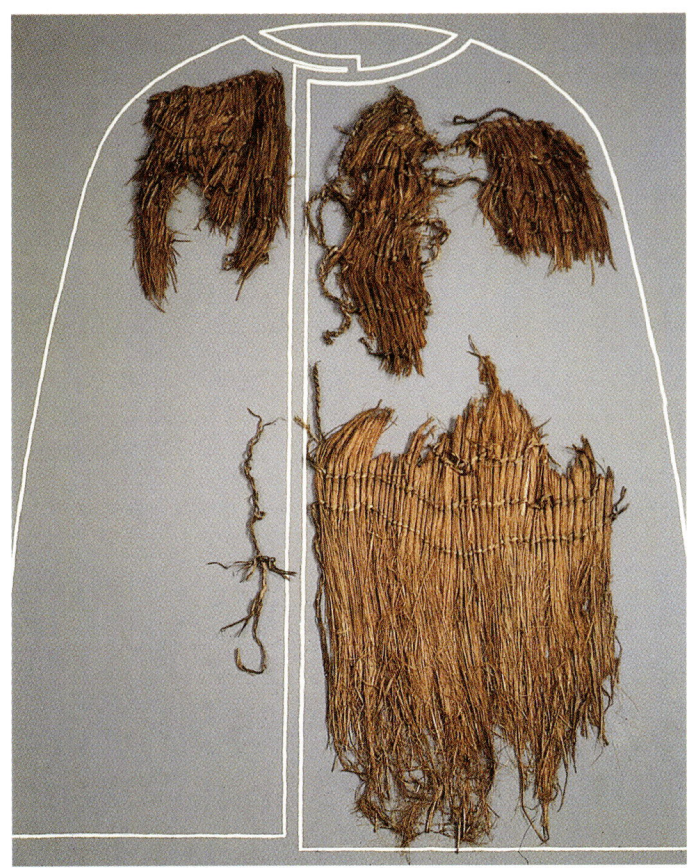

Die Überreste des wetterfesten Umhangs aus Gras – zusammen mit dem Fellcape ein idealer Schutz gegen Kälte und Nässe

Der Gletschermann mit seiner gesamten Ausrüstung – optimal gewappnet für die Lebenswelt des Hochgebirges

4000 vor Christus, nach R. R. Schmidt, Grabung 1919 bis 1930)

derseemoor – ausgegraben, dokumentiert und fotografiert. Etwa 25 000 Quadratmeter mit über hundert Häusern aus der Jungsteinzeit und der Bronzezeit wurden freigelegt.

Hans Reinerth, der bei den Ausgrabungen im Federseemoor mitgearbeitet hatte, hat die Pfahlbauarchäologie später in den Dienst der NS-Ideologie gestellt. Als Leiter des »Amtes Vorgeschichte im Amt Rosenberg« und als Mitherausgeber der »Monatsschrift für Deutsche Vorgeschichte – Germanenerbe« propagierte er anhand seiner neolithischen Funde die geistige und kulturelle Vorrangstellung der »arischen Rasse«. Was er unter anderem im vorgeschichtlichen

Dorf Aichbühl im Federseemoor ausgegraben hatte, waren für ihn Zeugnisse einer »nordischen Landnahme«. Eine Kulturdrift aus dem Vorderen Orient war für ihn nicht akzeptabel, da dies eine semitische Herkunft bedeutet hätte, und in der Tat wurde das nordostsemitische Akkadisch (Babylonisch, Assyrisch) in der zweiten Hälfte des 4. Jahrtausends im Zweistromland gesprochen, wo damals eine der ersten Hochkulturen entstand. Doch die Arier lebten rund 2000 Jahre später – und zwar in derselben Weltgegend! –, als auch die Träger der übrigen indogermanischen Sprachen bis nach Nordindien und vielleicht sogar nach Mitteleuropa vordrangen. Die Wanderbewegungen der Kelten und Germanen hingegen sind erst im 1. vorchristlichen Jahrtausend archäologisch nachweisbar, in einer Zeit also, die von der des Gletschermannes und der Pfahlbaubewohner um mehr als zwei Jahrtausende getrennt sind.

Heute gehen die Wissenschaftler zu Wasser und zu Lande mit den modernsten Methoden und dem neuesten Gerät vor. Die Dorfruinen in den verlandeten Mooren können die Archäologen im Sommer, wenn der Grundwasserspiegel sinkt, ausgraben, während die Fundstätten in Seen nur bei winterlichen Niedrigwasserständen untersucht werden können. Dann nämlich ist das Wasser frei von Schwebeteilchen wie etwa Algen, die sonst die Sicht stark behindern.

Nach dem Vorbild des Züricher »Büros für Archäologie« hat man inzwischen auch am Bodensee ein Team von Archäologen zusammengestellt, das mit neuesten technischen Geräten die tiefer unter Wasser gelegenen Fundstätten untersucht: Mit Sauerstoffflaschen und kälteisolierenden Taucheranzügen können sie über Stunden auch bei winterlichen Temperaturen ihrer Arbeit nachgehen. Sie dauert viel länger als Ausgrabungen im trockenen Erdreich.

Von einem Boot aus werden mit Körben Arbeitsgeräte hinabgelassen und Funde heraufgeholt. Auf einer Plexiglasscheibe werden Pfahlreste und Funde im Maßstab 1:1 aufgezeichnet. Exakt wird festgehalten, welche Schichten ausgegraben werden; dazu dienen sogenannte Profile, die die verschiedenen Epochen voneinander abgrenzen und die Zugehörigkeit der Pfahlreste dokumentieren. Später kann man dies an Ort und Stelle nicht mehr rekonstruieren, denn Ausgraben bedeutet Zerstören: Die Kulturschichten sind dann für immer abgetragen. Doch die dabei gewonnenen Erkenntnisse, festgehalten im schriftlichen Grabungsbericht, leben als Geschichte oder Vorgeschichte unserer Vergangenheit weiter.

Eintauchen in die Vergangenheit ist auch für viele Hobbytaucher ein Traum, den sie nur allzuoft realisieren, wie beispielsweise an den Seen im Salzkammergut, wo die meisten vorgeschichtlichen Dörfer längst ausgeplündert sind. Schilfsterben und zahlreiche Freizeitkapitäne haben das Ihre zur Zerstörung unterseeischer menschlicher Hinterlassenschaften beigetragen.

Doch wie spielte sich das tägliche Leben der Pfahlbaubewohner ab? Wovon haben sie sich ernährt? Wie sah die Umwelt aus, als sich die Siedler hier einrichteten? Wie haben sie die Natur über Jahrhunderte hinweg geprägt?

Daß die jungsteinzeitlichen Siedlungen im Federseemoor an einem flachen See lagen, wissen wir schon seit den dreißiger Jahren. Nachdem die Pfahlbaubewohner dort ihre Dörfer errichtet und wieder verlassen hatten, verlandete das Gelände allmählich, und es bildete sich ein Sumpf, in dem die Ruinen aus der Jungsteinzeit und der Bronzezeit verschwanden und der sich schließlich in ein Torfmoor verwandelte. Auch am Bodensee veränderte sich die Uferzone ständig. So lagen die Pfahlbausiedlungen seinerzeit bis zu vier Meter unter der heutigen Mittelwasserlinie.

Die bereits im letzten Jahrhundert hitzig geführte Debatte, ob die Pfähle tatsächlich Überreste von Bauten seien, die ursprünglich im Wasser angelegt wurden, ähnlich denen von

Neuguinea, oder von Ufersiedlungen stammen, war endlich in den siebziger Jahren des 20. Jahrhunderts beendet. Es stellte sich heraus, daß die vorgeschichtlichen Menschen bereits verschiedene Bauweisen gekannt hatten. Neben Holzgebäuden am Ufer, die gelegentlich überschwemmt worden sind, hatten sie auch Pfahlbaudörfer vom Ufer oder von Inseln aus ins Wasser errichtet. Seespiegelschwankungen müssen ihnen das Leben daher ganz schön schwer gemacht haben.

Warum sich die Menschen damals in diesen feuchten Gebieten niederließen, konnten die Forscher bislang nicht herausfinden. Anzeichen von kriegerischen Auseinandersetzungen, wie Tote mit Hiebverletzungen, gibt es keine. Es scheint also eine relativ friedliche Zeit gewesen zu sein, ein Rückzug in das nasse Milieu aus Gründen der Sicherheit war wohl nicht notwendig.

In Twann am Bieler See hat man von 1976 bis 1981 ein prähistorisches Dorf ausgegraben, das einen guten Einblick in das Alltagsleben der Menschen damals bietet. Auf einer Grundfläche von etwa 15 mal 160 Metern standen gleichzeitig, nach allem, was man bisher weiß, etwa ein Dutzend Häuser oder Hütten. Darin lebten fünfzig bis hundert Personen.

Da man durch Jahresringvergleiche die Hölzer einander zuordnen kann, lassen sich einige Grundrisse aus verschiedenen Zeiten recht gut rekonstruieren. So standen jeweils drei Reihen von Pfosten parallel nebeneinander, wobei die mittlere den Firstbalken mit den Dachsparren trug.

Für ein Haus wurden im ufernahen Wald rund zwei Dutzend Eichenstämme gefällt. Zunächst bevorzugten die Bauleute für die Wandkonstruktionen Rundhölzer. Später wurden die Stämme zu Bohlen gespalten. Die jüngeren Bauten waren sieben Meter lang und etwa dreieinhalb Meter breit.

Auch Gebäudeerweiterungen oder Reparaturen lassen sich feststellen. So haben die Bauleute 3086 vor Christus

Bäume gefällt – das genaue Datum können die Botaniker an den Jahresringen ablesen, die bis zur Waldkante, bis zur Rinde, erhalten waren – und mit ihnen, ohne sie abzulagern, ein Gebäude errichtet, das sie im darauffolgenden Jahr mit drei vor die Giebelseite eingeschlagenen Pfählen um einen Meter verlängerten. In den elf Jahren, in denen es bewohnt war, mußten fünf Pfosten ausgebessert oder ausgewechselt werden. Häuser auf trockenem Untergrund, in dem wahrscheinlich der Gletschermann gelebt hat, hielten sicher einige Jahre länger.

In Twann errichteten die Bauleute Gebäude, die dicht gedrängt entweder mit den Längsseiten oder mit dem Giebel zum See standen; zwischen ihnen führte eine etwa einen Meter breite Gasse hindurch, wo Abfälle und Exkremente von Mensch und Tier liegenblieben und festgetreten wurden. Ein Regenschauer konnte den Untergrund in Schlamm verwandeln, denn Bohlenwege gab es hier nicht.

Der Eingang lag an der Schmalseite; der freie Raum davor diente als Werkplatz. Obwohl es bisher keine Anhaltspunkte dafür gibt, wird das Dorf in Twann wohl eingezäunt gewesen sein, wie andere Ufersiedlungen auch, wo man Reste von Flechtzäunen oder von Palisaden gefunden hat. Vieh wird man nachts zum Schutz vor Raubtieren in Pferchen gehalten haben, einzelne Haustiere wurden wahrscheinlich festgebunden.

In anderen Dörfern, so in Thayngen, wurden Gebäude mit unterschiedlichen Grundrissen errichtet: Wohnhäuser, Speicher, Werkstätten und Schuppen für Handwerker. Am Dorfrand lag eine Halde für Speiseabfälle.

Wie Dächer und Wände genau ausgesehen haben, läßt sich in den meisten Fällen nicht mehr feststellen, denn sie wurden entweder, wenn sie baufällig waren, abgetragen, oder sie sind abgebrannt, bevor neue Gebäude errichtet wurden. In Twann wurden Faserbündel aus Stroh und Schilfrohr ausgegraben, mit denen möglicherweise das Dach gedeckt war. Aber auch rechteckig zugeschnittene Rindenstücke, wie man sie am Zürichsee gefunden hat, könnten als Schindeln verwendet worden sein. Nur ein Teil der unteren Stümpfe der Wandpfeiler stecken noch im Seegrund. Doch müssen die Wände aus Fachwerk, ähnlich dem im Mittelalter, bestanden haben, denn man hat verbrannten Hüttenlehm gefunden. Dabei verbanden waagrechte Balken die senkrechten Pfosten in nicht so großen Abständen. Die Zwischenräume füllte Flechtwerk aus, das mit Lehm und Häcksel verkleidet wurde.

Mehr als hundert Fragmente einer solchen Fachwerkwand hat man Anfang der 1990er Jahre in Bodman-Ludwigshafen am Bodensee geborgen. Sie stammen von einem etwa neun Meter langen Haus, das abgebrannt und zusammengestürzt ist. Sehr überrascht waren die Archäologen, als sie darauf in weißer Bemalung Gittermuster, Punkte und Dreiecke entdeckten, Verzierungen, wie sie bei Pfahlbauten bisher noch nicht beobachtet worden waren.

Daß die Pfahlbaubewohner hier vor etwa 5900 Jahren einen Kultraum errichtet hatten, verraten die ursprünglich in die Wandbemalung eingebundenen, realistisch modellierten und annähernd lebensgroßen weiblichen Brüste mit Punktverzierung. Vergleichbare, allerdings unbemalte brustförmige Lehmreliefs stammen aus Bodman-Weiler, Thayngen (Kanton Schaffhausen) und vom Balkan (Vinca in Jugoslawien). Einen Krug mit einer brustförmigen Verzierung benutzten die Pfahlbaubewohner in Bodman offenbar als Räuchergefäß, wie die Spuren von Pech im Inneren vermuten lassen. Ähnliche gynäkomorphe Gefäße wurden in der Schweiz und am gesamten Bodensee gefunden.

Diese Funde gewähren erstmals Einblick in religiöse Vorstellungen des europäischen Neolithikums. Es sind hochinteressante Hinweise auf einen Kult, in dessen Mittelpunkt eine Muttergottheit gestanden haben muß, wie wir sie aus Kleinasien, Nordsyrien und Kreta kennen (Kybele, Magna

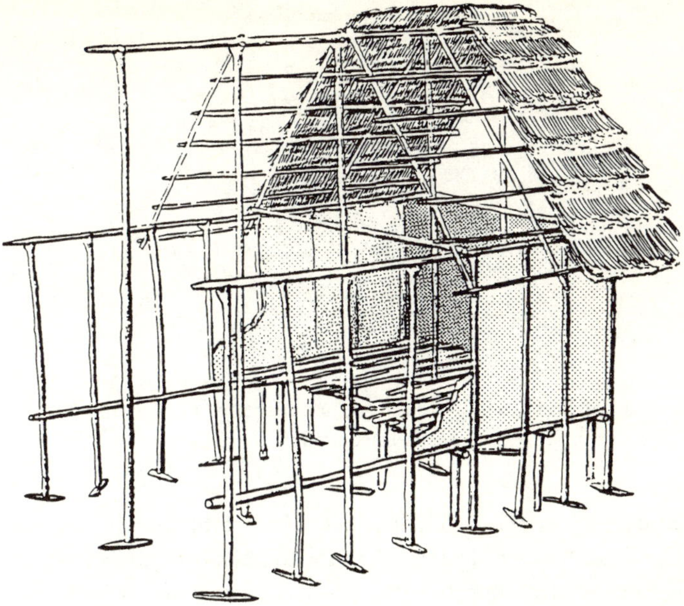

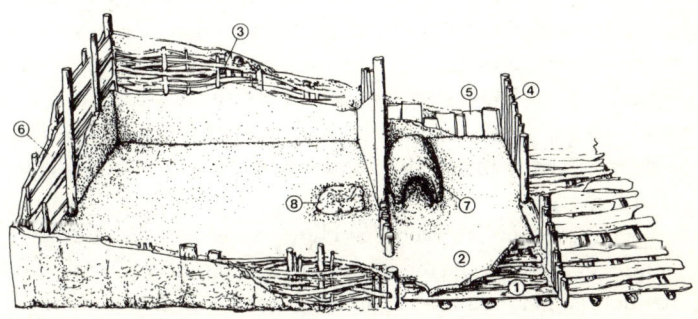

Rekonstruktion eines Hausgerüstes von Hornstaad am Bodensee (um 4000 vor Christus): die »Pfahlschuhe« verhinderten das Einsinken im Uferschlamm

Teilrekonstruktion eines zweiräumigen Hauses von Ehrenstein nördlich des Federsees (um 4000 vor Christus): 1. Holzboden, 2. Lehmboden, 3. Flechtwand, 4. bis 6. Wände in verschiedenen Holzkonstruktionen, 7. Backofen, 8. Feuerstelle

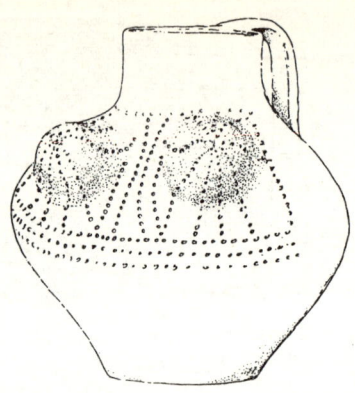

Rekonstruktion eines gynäkomorphen Gefäßes nach Funden aus Sipplingen (4. Jahrtausend vor Christus)

Mater, Rhea). So reichen die Reihen weiblicher Brüste aus Gips und Steinskulpturen der Göttin in Çatal Hüyük im südlichen Zentralanatolien bis ins 7. Jahrtausend zurück. Ob eine Muttergottheit noch im Zentrum religiöser Verehrung stand, als rund vier Jahrtausende später der Gletschermann durch die Alpen zog, entzieht sich leider unserer Kenntnis.

In Robenhausen am Pfäffiker See ist die einzige Haustür aus der Jungsteinzeit erhalten. Sie ist aus einem dicken Weißtannenstamm geschnitzt. Am unteren Ende besitzt sie eine Angel, die sich einst in der Türschwelle drehte. Die 1,45 Meter hohe Tür war wahrscheinlich an den vier seitlichen Löchern mit Lederriemen oder Stricken am Türpfosten befestigt.

Der Boden im Inneren der Häuser war gegen die aufsteigende Feuchtigkeit mit Moosen, Tannenästen, Laub und Rinden isoliert. Abfälle fand man innerhalb und außerhalb der Häuser. Liegt darüber eine helle, fundleere Seekreideschicht, dann hat der steigende Seespiegel die Bewohner zum Verlassen ihrer Häuser gezwungen. Mittelpunkt des täglichen Lebens und des Hauses war ein Herd aus Lehm. Hier wurde gekocht und im Winter geheizt. Der Rauch zog durch die Ritzen des Daches ab.

Kleine Äste und leicht angebrannte Lehmbrocken weisen darauf hin, daß auch in den Häusern in Twann, ähnlich wie in den besser erhaltenen Moordörfern, etwa ein mal ein Meter große Backöfen mit einer rund sieben Zentimeter starken Lehmkuppel standen. Vielleicht hat man die Kuppel mit Weidenruten armiert.

Scheunen und Ställe wurden in Twann bisher nicht ausgegraben. Deshalb muß man annehmen, daß die Pfahlbaubewohner fast sämtliche Habseligkeiten in ihren etwa 25 Quadratmeter großen Häusern lagerten. Wie ihnen das in dieser Enge gelungen ist, wissen wir allerdings nicht, denn von der Inneneinrichtung ist nichts erhalten geblieben. Nur in der Ecke eines Gebäudes sind die Ausgräber auf größere Vorratsgefäße gestoßen. Vielleicht hat man Getreide, Rohmaterialien für Werkzeuge und Geräte im Dachraum aufbewahrt. Kleidung, Werkzeug und Waffen hingen vermutlich an den Wänden. Überreste von Schlafplätzen hat man nicht gefunden; möglicherweise haben sich die Menschen auf Tierfellen zur Ruhe gelegt.

Vor 5800 Jahren gab es bereits breitrandige Tonlämpchen. Als Brennstoff hat man Talg (Tierfett) und als Docht einen gedrehten Leinenstrang verwendet. Wenn Feuerstein hart auf einen Pyritstein geschlagen wird, entstehen Funken: glühende Pyritteilchen lösen sich. Solche Teilchen hat man im Inneren einer Lampe gefunden.

Am Bieler See lebte man also sehr beengt. Das wird in anderen Regionen, ob im ebenen Gelände oder auf Anhöhen, ganz ähnlich gewesen sein. Auch der Gletschermann dürfte in einem solchen Haus gewohnt haben, wenn er nicht unterwegs war.

Viele Tätigkeiten verlagerten die Menschen damals ins Freie. Vor zwei Häusern in Twann hat man Getreide auf sechzig Zentimeter langen, 35 Kilogramm schweren Granitsteinen gemahlen. Mit einem kleineren Stein, dem sogenannten Läufer, wurden die Körner zunächst zerquetscht und anschließend in kreisförmiger Bewegung zerrieben. Fünf- bis achtmal wiederholte man diese Prozedur und konnte dann mit dem Getreideschrot eine Art Grütze zubereiten. Wollte man Brot backen, so benötigte man feineres Mehl, wozu 250 Gramm Weizenkörner in etwa fünfzehn Durchgängen, also in etwa zwei Stunden, gemahlen wurden. Dabei geriet Steinmehl in den Teig, was zu einem starken Zahnabrieb führte, wie wir es auch bei den Zähnen des Gletschermannes beobachten können.

Offenbar hat man in Twann Flachs zu Leinen verarbeitet. Nachdem die Flachspflanzen mehrere Wochen im Wasser gelegen hatten, wobei sich die Fasern vom Stengel lösten, wurden sie mit Schlegeln geschlagen, bis alle verbliebenen Holzreste von den Stengeln getrennt waren. In Twann hat man etwa 28 Zentimeter lange zusammengebundene Rippenknochen vom Hirsch und vom Rind gefunden, die wohl als Hecheln zum Kämmen der Flachsfasern gedient haben. Der Flachs wurde um den Spinnrocken gewickelt und mit Hilfe einer in Drehung versetzten Spindel, an der unten ein Schwunggewicht, der Spinnwirtel, hing, zu Fäden gesponnen. Einen drei Zentimeter langen Wirtel, geschnitzt aus einer Hirschgeweihsprosse, durchbohrt und am unteren Ende einer Holzspindel aufgesteckt, hat man in Twann gefunden, ebenso Spindeln aus Hasel- oder Schneeballholz mit aufgewickeltem Faden.

Um dem Stoff größere Festigkeit zu verleihen, wurden vor dem Weben zwei Fäden zusammengezwirnt. Unförmige Webgewichte aus Ton gehörten wahrscheinlich zu einem Gewichtswebstuhl und beschwerten die Kettfäden. Etwa dreizehn Zentimeter lange Eibenholzstäbe mit Fadenabdrücken dienten als Webschwerter für sieben bis acht Zentimeter breite Stoffbänder.

Von den Textilien haben sich in den Pfahlbaudörfern nur

Fragmente erhalten; sie allerdings belegen, daß man sich sowohl in einfache Leinenstoffe und solche aus Fasern von Brennessel und Bast gehüllt hat, die aus der faserigen Schicht zwischen Holz und äußerer Rinde gewonnen wurden. Besonders Eichen- und Lindenbast eignen sich wegen ihrer langen Fasern am besten für die Fadenherstellung. Aber auch Kleider aus buntgemusterten Stoffen hat man getragen, die wahrscheinlich mit Pflanzensaft gefärbt waren. Sicherlich wurden auch Wollstoffe hergestellt, nur sind sie fast immer während der Jahrtausende vergangen. Fellkleider, wie sie der Gletschermann trug, hat man in den Pfahlbauten nicht gefunden.

Aus Linden- und Eichenbast hat man grobe Schnüre für Taschen oder Fischernetze geknüpft, die aber in Twann nur in Resten erhalten blieben. Die Netze wurden auf der einen Seite mit Netzsenkern aus Kieselsteinen beschwert, die mit Birkenpech aneinandergeklebt waren, auf der anderen Seite waren Netzschwimmer etwa aus Tannenholz befestigt. In solchen Stellnetzen verfingen sich leicht die Fische. Andere Fischfanggeräte, wie Harpunen und Angelhaken, hat man hier allerdings nicht gefunden.

Am nahen Seeufer kam etwa ein Dutzend vierzig Zentimeter langer Schleifsteine zum Vorschein, mit denen die Männer ihre Steinbeile geschliffen haben. Große Steinbrocken hat man zunächst mit Stein- oder Holzplättchen und nassem Quarzsand zersägt; sie konnten aber auch mit Klopfsteinen aus Quarzit zerschlagen werden. Aus den größeren Splittern wurden meist Meißel gefertigt. Die endgültige Form mit stumpfer Fassung und spitzer Schneide schlug man mit einem rundlichen Quarzitstein. Schließlich wurde die Klinge auf den Sandsteinplatten unter Zugabe von Wasser geschliffen, was je nach Härte des Gesteins eine Stunde bis zu einem ganzen Tag dauern konnte.

Mit den verschiedenen Steinwerkzeugen haben die Pfahlbaubewohner nicht nur Bäume gefällt, ja ganze Wälder gerodet, sondern auch Tiere geschlachtet und zerlegt sowie Geweihe geschnitzt. Zum Fällen großer Bäume hat man Beile mit möglichst langem Holm verwendet. Eine Art Knauf an dessen Ende gewährleistete einen sicheren Griff. Geweih und Holz wurden mit Dechseln bearbeitet, das sind Beile mit querstehender Klinge, mit denen man auch Einbäume aushöhlte.

Viele geschliffene Steinklingen wurden später nicht mehr direkt am Holzgriff montiert, sondern erhielten eine Fassung aus Hirschgeweih. Das war ein Fortschritt, denn die nunmehr kleineren Klingen waren einfacher herzustellen. Für solche Zwischenfutter wurden Abwurfstangen und Geweih von erlegten Tieren verwendet. Mit dem Dechsel trennte man davon Stücke ab und schnitzte sie zurecht. Da Geweihe in trockenem Zustand sehr hart ist, hat man es wahrscheinlich in Wasser gelegt, bis es elastischer und besser zu bearbeiten war. Möglicherweise war die Fassung noch feucht, als man die Klinge hineintrieb; beim Trocknen zog sich das organische Material zusammen und gewährleistete einen festeren Halt.

Noch heute sitzen viele Klingen erstaunlich fest im Zwischenfutter. Falls sie stumpf wurden, konnten sie problemlos in der Geweihfassung nachgeschliffen werden. Den Griff stellte man meistens aus dem besonders festen Übergang von der Wurzel zum Stamm der Esche her. Bevor man ihn vollständig überarbeitet hatte, wurde am oberen Ende ein Loch gebohrt, in das das Zwischenfutter mit Klinge getrieben wurde. Damit auch Kinder früh dieses wertvolle Arbeitsgerät zu schätzen lernten, fertigte man kleine Übungsäxte für sie an.

Als »Stahl der Steinzeit« gilt der Feuerstein. Außer zum Feuerschlagen wurde er für die verschiedensten Geräte zum Schneiden, Bohren und Stechen verwendet. Er ist hart wie Glas und an den frischen Bruchkanten scharf wie Rasierklingen.

Feuerstein (Silex) kommt in unterschiedlicher Qualität vor. Eine Tagestour von Twann entfernt gibt es den Jurahornstein. Steine von besserer Qualität, wie etwa der glasig durchscheinende Kreidefeuerstein (Flint), mußten hingegen über weite Entfernungen, beispielsweise aus der Champagne in Frankreich, importiert werden. Selbst aus Le Grand Pressigny in der Touraine, Frankreich, hat man im 3. Jahrtausend Feuerstein bester Qualität über rund 470 Kilometer ins Schweizer Mittelland transportiert. So lassen sich anhand von Feuersteinfunden Handelsbeziehungen erschließen, die über weite Distanzen hinweg bestanden haben müssen. Was die Twanner Bewohner dagegen eintauschten, entzieht sich unserer Kenntnis.

Feuersteinbergwerke sind in fast allen Kreidegebieten Europas bezeugt, wie beispielsweise am Isteiner Klotz zwischen Basel und Freiburg. Hier arbeiteten spezialisierte Bergleute, die ihre bäuerliche Lebensweise aufgegeben hatten. Sie trieben höhlenartige Stollen in das Kreidegestein und brachen mit Geröllschlegeln das begehrte Rohmaterial heraus, das vor dem Aufkommen der Metallverarbeitung eines der wichtigsten Handelsgüter der Steinzeit war, daher auch der Name der Epoche.

Von bis zu kopfgroßen Feuersteinknollen schlug der dörfliche Handwerker mit geübter Hand verschiedenste Formen ab. Mit Schlagsteinen, Hämmern aus Geweih oder Holz wurde das Rohmaterial grob zugerichtet. Kleinere Klingen wurden durch Druck mit einem Geweih- oder Holzstab abgespalten. Wahre Meisterwerke, ästhetisch und funktional, sind so entstanden: Pfeilspitzen, Sichelklingen von Erntemessern und anderes Handwerkszeug. Die Feuersteinknollen wurden meist am Hausvorplatz bearbeitet, während die Feinarbeiten oft im Haus verrichtet wurden.

Zum Haushalt der Pfahlbaubewohner gehörten zahlreiche Gefäße aus Rinde, wie auch der Gletschermann eines mit sich führte. Sie sind allerdings meist nicht erhalten geblieben. Erstaunlicherweise hat man in Twann gleich fünf derartige Gefäße gefunden. Wahrscheinlich wurde die Rinde im Frühjahr vom Baum abgezogen und geglättet. Mit Baststreifen hat man rechteckige Stücke für die Wandung überlappend zusammengenäht. Bei der Herstellung des Bodens wurde, ähnlich wie beim Köcher des Gletschermannes, am unteren Ende eine Rute zur Stabilisierung festgenäht, an der die runde Bodenplatte mit Bastfaden befestigt wurde.

Die ersten Siedler in Twann, die der Cortaillod-Kultur angehörten (nach dem Fundort am Neuenburger See), benutzten dünnwandige Schüsseln, kugelförmige Töpfe und Flaschen. Selbst für die Kinder gab es offensichtlich eigene Gefäße zum Spielen. Für die folgende lokale Horgener Kultur, gegen Ende des 4. Jahrtausends – wir nähern uns der Zeit des Gletschermannes –, sind allerdings grob dickwandige, eimerartige Tongefäße charakteristisch, die sich im Herdfeuer besser bewährten.

Die Twanner Töpfer verwendeten zwei verschiedene Tonsorten, die sie in unmittelbarer Nähe ihres Dorfes abbauen konnten. Für die Magerung zerkleinerten sie Steine aus Granit und Gneis und kneteten die feinkörnige Mischung gründlich in den Ton. Aus einem Klumpen formten sie zuerst den Boden, der oft in einem Stück erhalten ist. Darüber schichteten sie kreisförmig Tonwülste, die innen und außen glattgestrichen wurden. Diesen Aufbau verraten die in einem Abstand von ein bis vier Zentimetern waagrecht verlaufenden Risse in den Gefäßwänden. Hier sind sie wegen der geringeren Dicke auch häufig zerbrochen. Vielleicht hat man die grob aufgebaute Form auf einer Unterlage, beispielsweise einer Flechtmatte, gedreht, um eine regelmäßigere Rundung zu erreichen. Die Töpferscheibe, im Vorderen Orient und in Ägypten zu dieser Zeit bereits in Gebrauch, war jedenfalls in Mitteleuropa noch nicht eingeführt.

Die Keramikoberfläche glättete man mit einem Serpentinstein oder einem Knochenstäbchen mit stumpfem Ende, oder man strukturierte sie mit Grasbüscheln. Gelegentlich versah man die Wandung mit eingestochenen Verzierungen, Punktreihen oder Tannenzweigmustern – selten sind sonnenartige Symbole oder menschliche Figuren – oder nach dem Brand mit aufgeklebten Birkenrindenmustern.

Daß die Bewohner von Twann ihre Gefäße bei geringer Zufuhr von Luftsauerstoff, also reduzierend, gebrannt haben, hat man im Labor ermittelt. Vermutlich haben sie Gruben ausgehoben, ähnlich wie manche Völker heute noch in Afrika, und über die Tonware Äste, Laub, Stroh oder Schilf ausgebreitet, die dann entzündet wurden. Damit können immerhin Temperaturen von etwa 600 Grad Celsius erreicht werden.

Ungefähr ab der Mitte des 4. Jahrtausends benutzte man in Twann Keramikgefäße nur noch zum Kochen, während das Eßgeschirr wohl vorwiegend aus Ahorn, weniger häufig aus Esche und Buche geschnitzt war. So manche defekte Holzschale ist sicher im Feuer gelandet, was halbverbrannte Bruchstücke bezeugen.

Vielleicht auf flachen Schalen aus Brett- oder Stammholz wurden die Speisen gereicht, während Schüsseln und Schöpflöffel aus Maserknollen geschnitzt waren, aus halbkugeligen Baumauswüchsen mit lebhafter Maserung. An halbfertigen Gefäßen erkennt man den Arbeitsablauf: Der Schnitzer hat zuerst das halbrunde Werkstück entrindet, dann die Außenseite, den späteren Boden, mit dem Dechsel bearbeitet und schließlich das Innere ausgehöhlt oder ausgebrannt und herausgekratzt. Mit Sandstein wurde das fertige Gefäß innen und außen geschliffen und poliert.

Was die Bewohner von Twann daraus gegessen haben, können die Botaniker nicht nur an den Pflanzenresten ablesen, sondern auch an den Krusten, die in den Töpfen festgebrannt sind. Danach haben die Jungsteinzeitmenschen Mehl- und Gemüsesuppen, Fleischeintöpfe und Getreidebrei gekocht. Der wurde mit verschiedenen Früchten wie Schlehen, die ja auch der Gletschermann als Proviant mitgenommen hatte, Brombeeren, Erdbeeren und Wildäpfeln verfeinert und vielleicht mit wildem Honig gesüßt.

Auch die Gemüseauswahl war groß: Die Palette reichte von kultivierten Sorten, wie zum Beispiel Erbsen, bis zu Wildgemüse, wie Brennessel, Löwenzahn und Pilzen. Gewürzt hat man mit Oregano, Thymian und Minze. Vogeleier von Reihern und Enten, die am See lebten, bereicherten den Speisezettel. Der Fischreichtum des Sees hat sicher zum Angeln eingeladen, so daß der eiweißreiche Fisch wohl öfter auf dem Speiseplan stand, als wir ihn anhand der selten erhaltenen Gräten und Knorpel nachweisen können. Auch die Funde von Netzen bezeugen, daß der Fischfang eine große Rolle bei der Ernährung gespielt hat.

Für den Winter wurden Vorräte angelegt, vieles wahrscheinlich in getrockneter Form: beispielsweise Fisch, Getreide, Gemüse, Malvenblätter und Gewürze. Daß darüber hinaus auch Dörrobst gegessen wurde, verrät ein halber Holzapfel in Twann. Daneben hat man sicherlich Wildbirnen und anderes Obst durch Erhitzen auf etwa hundert Grad Celsius haltbar gemacht.

Als archäologische Rarität gilt ein verkohltes, zusammengeschrumpftes Brot, das in Twann in einer Schicht aus der Zeit um 3530 vor Christus geborgen wurde. Im fein gemahlenen Weizenmehl konnte man unter der Lupe Steinrückstände vom Mahlvorgang feststellen, eine schädliche Verunreinigung, die weit verbreitet gewesen sein muß, denn auch die stark abgeriebenen Zähne des Gletschermannes sind, wie bereits erwähnt, darauf zurückzuführen.

Die Archäologen haben das Brot nachgebacken und dabei folgendes Rezept ermittelt: Mit einem zwei Tage lang angesetzten Sauerteig aus Wasser und wenig Mehl verknetete man weitere 250 Gramm Weizenmehl. Nachdem der Teig fünf Stunden geruht hatte, wurde ein flacher Fladen geformt und für etwa dreißig Minuten in die nicht mehr allzu heiße

Asche des Backofens gelegt. Als Feuermaterial hat man wahrscheinlich Tannenholz verwendet.

Die alten Weizensorten, wie Emmer, Einkorn und Zwergweizen, besaßen viel kleinere Ähren mit weniger Körnern, und der Ertrag war wesentlich geringer als bei heutigen Getreidesorten. Sie baute man ebenso an wie die zweizeilige Gerste, Hauptbestandteil des Eintopfs, Erbsen, Lein und Schlafmohn. Leinsamen, die fett- und eiweißhaltigen Samen des Ölleins, wurden zur Gewinnung von Leinöl gepreßt oder gekocht. Mohn, wahrscheinlich aus Spanien importiert, lieferte Samen, der mit Teig gebacken oder aus dem Öl gepreßt werden konnte. Vielleicht hat man aus dem Extrakt der Fruchtkapsel ein Schlaf- und Heilmittel gewonnen, wie es von den alten Ägyptern überliefert ist. Seine Verwendung als Opiumlieferant ist für diese Zeit nicht nachweisbar. Auch Dill, Zitronenmelisse, Petersilie und Sellerie, die von neolithischen Köchen als Gewürze verwendet wurden, stammen aus dem Mittelmeergebiet.

Mit einfachen Hacken aus Hirschgeweih und primitiven Furchenstöcken aus Buchenholz, einer Vorform des Hakenpflugs, wurden Rillen für das Saatgut gezogen. Diese Geräte haben an anderen Fundstätten, wie zum Beispiel in Chur und Castaneda im Bündnerland, dunkle Streifen in neolithischen Schichten hinterlassen.

Eine intensivere Bodennutzung ist ab der Horgener Kultur, Mitte des 4. Jahrtausends, durch den dichteren Stand der Kulturpflanzen nachgewiesen. Wahrscheinlich haben die Bauern damals Getreide im Herbst gesät und die übrigen Kulturpflanzen im Frühling. Auf frisch gerodetem Boden wurde zunächst der anspruchsvolle Nacktweizen ausgesät, der viele Nährstoffe braucht und nur auf nicht ausgelaugtem Grund gedieh. Vermutlich hat man nach einigen Jahren das Feld nicht mehr bestellt, doch brachliegende Felder der Jungsteinzeit lassen sich heute nicht mehr nachweisen. Das Korn wurde am Halm mit einem Erntemesser aus Feuerstein abgeschnitten und im Dorf gedroschen. Das verraten die hohen Pollenkonzentrationen von Getreide innerhalb der Siedlung; denn beim Weizen bleibt der Blütenstaub in den Spelzen und fällt erst beim Dreschen heraus.

Als sich die ersten Siedler hier vor etwa 6000 Jahren am See niederließen, beherrschten dichte Wälder das Landschaftsbild. Am Ende der letzten Eiszeit um 10 000 vor Christus hatten sich in Mitteleuropa zunächst Birken und Föhren ausgebreitet, später kamen Ulmen, Eschen, Haselsträucher und weitere Laubbäume hinzu. Im 4. Jahrtausend wuchsen in weiten Gebieten der Schweiz vor allem Eichen, Buchen und Weißtannen. Bei niedrigem Wasserstand boten sich (wie wir gesehen haben) die waldfreien Uferstreifen der Seen als ideale Siedlungsareale an.

In den dichten Wäldern lebten Hirsche, Rehe, Wildschweine, Braunbären und sogar Elche, die als Wasserpflanzenfresser hauptsächlich in Flußauen und Sümpfen heimisch waren. Ihnen allen stellte der Mensch nach. Insbesondere der Rothirsch, der damals wesentlich größer war, trug erheblich zur Bereicherung des Speisezettels bei. Auch andere Wildtiere, wie die in entfernteren Gebieten gejagten Gemsen und Steinböcke, landeten in den Kochtöpfen der Bewohner von Twann. Wie die Jagd ablief, ob als Treibjagd oder als Pirsch in kleinen Gruppen, läßt sich heute nicht mehr sagen.

Knochen von mehr als 3500 Tieren wurden in Twann gefunden. Sie spiegeln aber nicht den tatsächlichen Fleischverzehr während der knapp tausendjährigen Besiedlungszeit wider, die immer wieder von Überschwemmungen unterbrochen war, da viele Speiseabfälle sicherlich von Hunden gefressen oder verschleppt wurden.

Anfang des 4. Jahrtausends lieferten Schafe Wolle, deren Bedeutung aber abnahm, als der Flachsanbau intensiviert wurde. Generationen später züchtete man vorwiegend Rinder, die meist erst geschlachtet wurden, wenn sie nicht mehr als Arbeitstiere und Milchlieferanten genutzt werden konnten. Ziegen gaben Milch, und ihr Fell wurde zu Leder verarbeitet. Schweine wurden oft schon in den ersten Monaten geschlachtet, ebenso junge Hunde, was durch die Schlachtspuren an ihren Knochen bewiesen ist. Letztere hat der Mensch erst später als Begleiter bei der Jagd und beim Weiden des Viehs schätzen gelernt.

Tiere spielten auch bei kultischen Handlungen eine große Rolle. So hat man im Jahr 3086 vor Christus in Twann zwischen den Pfosten eines gerade errichteten Hauses eine Art Bauopfer gebracht: Auf einem Pflanzenteppich wurde ein Mutterschwein unter einer Herdstelle aus Lehm beerdigt. Vielleicht sollte es die Götter günstig stimmen und die Bewohner des neuen Hauses vor Unglück bewahren. Zwei Enten, ein neugeborener Braunbär und mehrere Körperteile von Hunden wurden ebenfalls geopfert.

Magischen Charakter besaßen sicherlich einige Objekte, die vereinzelt im Dorf zum Vorschein kamen. Funkelnde Bergkristalle, die unter anderem für Pfeilspitzen verwendet wurden, hat man aus den Alpen importiert und in Twann unbearbeitet gesammelt. Gefragt waren auch Muscheln und Schneckengehäuse aus einheimischen Gewässern oder vom Mittelmeer. Diese waren für die Pfahlbaubewohner wohl besonders wertvoll, da sie von weit her transportiert werden mußten.

In einem Beutel aus Lindenbast hatte man in Egolzwil – neben dreißig Steinperlen und zwölf Feuersteinabschlägen – zwölf Anhänger aus Gehäusen großer Meeresschnecken, der Tritonshörner, gefunden. Die dünnwandigen Exemplare besitzen entweder fächer-, scheiben- oder eberzahnförmige Umrisse und waren ein- bis dreimal gelocht. Das könnte auf eine im Neolithikum verbreitete Vorform des aus Asien importierten griechischen Aphroditekults verweisen. Die schaumgeborene Göttin, deren Beziehungen zum Meer, zur Großen Mutter, der Magna Mater, und zum Fruchtbarkeitskult unübersehbar sind, wurde noch auf einem römischen

Wandgemälde in Pompeji auf einer Muschel stehend dargestellt.

Solche Schmuckstücke oder Amulette waren durchbohrt
und wurden vermutlich an einer Schnur um den Hals getragen, ebenso Bärenzähne und Eberhauer, die als Jagdtrophäen
wohl besonderes Prestige verliehen. Welche magischen Vorstellungen hinter der Sitte standen, aus den Schädeln Verstor-
bener Scheiben herauszuschneiden, sie zu durchbohren und
sich um den Hals zu hängen, entzieht sich unserer Kenntnis. Vielleicht war es eine heute schwer nachvollziehbare
Form des Ahnenkults, bei dem die Kraft des Verstorbenen
auf den Träger des fragmentierten Kopfskeletts übergehen
sollte.

Zahlreiche prähistorische Schiffsfunde belegen, daß es
schon früh einen regen Verkehr zu Wasser, auf Flüssen und
Seen, gegeben hat. Mit bis zu dreizehn Meter langen Einbäumen ruderte man zum Fischen, beförderte Lasten und Klein-
vieh oder besuchte andere Dörfer am See. Es sind lange
schmale Wasserfahrzeuge, die man in Europa seit der mittleren Steinzeit durch Aushöhlen oder Ausbrennen von Baum-
stämmen gewonnen hat. Daß Kinder mit Einbäumen gespielt haben, belegt ein 33 Zentimeter langes Modell aus
Sipplingen am Bodensee.

Anthropologen entdeckten an den jungsteinzeitlichen
Skeletten eigenartige Gelenkveränderungen an Schienbein-
und Fußwurzelknochen, die sie als Hockerfacette bezeich-
nen. Sie werden bei den Menschen im heutigen Mitteleuropa
nicht beobachtet, jedoch bei Arabern, die sehr oft in der
Hockerstellung verweilen. Man kann daher annehmen, daß
die Pfahlbaubewohner beim Kochen und bei handwerklichen Tätigkeiten meist in der Hocke gearbeitet haben.

Wo die Pfahlbaubewohner ihre letzte Ruhe fanden, ist bis
heute nicht geklärt. Bislang sind nur wenige Gräber in der
Nähe von Siedlungen entdeckt worden, dafür ganze Friedhöfe im Hinterland, doch da wiederum fehlen die dazugehö-

rigen Dörfer. Auch in der Schweiz hat man die Toten, ähnlich wie in Oberitalien, in Steinkisten bestattet. Daneben gab es aber auch Sammelgräber, aus riesigen Steinplatten aufgerichtete Grabkammern, in denen bis zu fünfzig Personen beigesetzt wurden, vielleicht die verstorbenen Mitglieder einer Dorfgemeinschaft oder einer Sippe.

Hohe Kindersterblichkeit, geringe Lebenserwartung, zahlreiche Krankheiten, harte Lebensbedingungen und begrenzte Nahrungsmittelressourcen haben verhindert, daß sich die Bevölkerung damals rasch und deutlich vermehrt hätte.

Weit mehr als tausend jungneolithische Fundstellen hat man in der Schweiz registriert. Manche Siedlungen wurden lange oder wiederholt bewohnt, andere bestanden nur eine kurze Zeit. Nach allem, was man bisher weiß, dürften auf dem Gebiet der heutigen Schweiz gleichzeitig nur einige tausend Menschen in etwa 25 Dörfern gelebt haben. Diese Gegend war also in der Jungsteinzeit sehr dünn besiedelt, obwohl die Lebensbedingungen an den Seen noch vergleichsweise günstig gewesen sind. Auf fruchtbaren Lößböden, wie beispielsweise im Gäuboden in Niederbayern, hingegen lebten mehr Menschen; sie errichteten Häuser mit einer Länge von bis zu dreißig Metern, in denen auch das Vieh untergebracht war.

Die Jahrhunderte vergingen, neue Dörfer wurden errichtet, aber im Alltagsleben der Pfahlbaubewohner und der anderen Jungsteinzeitmenschen änderte sich relativ wenig. Auch der Gletschermann war sicher eingebunden in den Jahresablauf, der vom Säen und Ernten bestimmt war, von der Aufzucht von Haustieren, dem Auf- und Abtrieb des Viehs und der Jagd nach Wild.

Als die letzten Bewohner von Twann hier um 3000 vor Christus als Bauern in Dörfern wohnten, gab es in Mesopotamien bereits eine hochstehende Stadtkultur. Die babylonische Keilschrift war erfunden, ebenso die Hieroglyphen im vereinigten Ägypten, wo in den folgenden Jahrhunderten ein differenziertes Beamtenwesen eine komplexe gesellschaftliche Organisation und eine erstaunliche staatliche Verwaltung entwickelte und geniale Architekten imposante Grabanlagen für die Könige der frühen Dynastien errichteten.

Pioniere in feuchten Talauen Bayerns – im Tal des Verlorenen Baches

Ein Nebental des Lechs bei Landsberg südlich von Augsburg ist seit 1988 das Zentrum für Feuchtbodenarchäologie in Bayern. Was hier in und bei Pestenacker in den letzten Jahren entdeckt und erforscht und auch in Zukunft weiter untersucht werden wird, gewährt ganz detaillierte Einblicke in die Epoche, als die ersten Pioniere das Land erschlossen. Der Name »das Tal des Verlorenen Baches« führt uns zurück in die Nacheiszeit, als die Einmündung eines Baches in einem östlichen Nebental des Lechs auf mehr als eineinhalb Kilometer Länge verschüttet wurde. Das Wasser staute sich weit ins Tal zurück und bildete ein bis zu dreieinhalb Meter hohes Niedermoor. Dieses versiegelte in einzigartiger Weise Kulturschichten, die uns Aufschluß geben über die Neugründung von Dörfern in der Jungsteinzeit.

Und wieder sind es die Jahresringe der Hölzer, die die Chronologie des Platzes widerspiegeln. In einer nicht genau zu ermittelnden Zeitspanne vor 3536 vor Christus entstand eine kleine Niederlassung – heute nach dem Ort Unfriedshausen benannt –, die 3536 durch eine größere ersetzt wurde. Freilich verfügen hier die Hölzer über eigenartige Auffälligkeiten: Einige der Kurven weisen in einem Vierjahresrhythmus schmale Jahresringe auf, das heißt, sie spiegeln ein reduziertes Wachstum der Bäume wider. Diese Abweichungen von der Standardkurve werden auf Maikäferbefall zurückgeführt. Nicht immer führen also die neuen naturwissenschaftlichen Methoden auch zu einem befriedigenden Ergebnis. Aus diesem Grund kann man nicht für alle Bauperioden eine zuverlässige Dendrokurve ableiten, was eine exakte Datierung unmöglich macht.

Offensichtlich war es ein Flächenbrand, der 3517 vor Christus die Siedlung mit etwa zwölf bis vierzehn Häusern zerstörte, doch noch scheint sie nicht verlassen worden zu sein. An einer Einzäunung kann man den zunehmenden Flächenbedarf der Siedlung ablesen: ihre erste nachweisbare Ausdehnung umspannte ein Areal von 23 mal 11 Metern, während die letzte Ausbauphase immerhin 35 mal 22 Meter umfaßte. Daß ein Zaun aus Flechtwerk keine Sicherheit gegen feindliche Angreifer bot, versteht sich von selbst. Vielleicht sollte er wilde Tiere – wie Bären, deren Knochen reichlich zum Vorschein kamen – abhalten.

Die Lage des Dorfes unterhalb einer lößreichen Hochterrasse mit ihren Wirtschaftsflächen direkt an einem Bach – in feuchtem, schwer zugänglichem Gelände – schien alle Nachteile wettzumachen. Es muß offensichtlich ein Standortvorteil gewesen sein, der die Neusiedler in die Talauen gelockt hat. Vielleicht war das fließende Gewässer notwendig für eine veränderte Haustierhaltung. Die Zäune hätten jedenfalls das wahrscheinlich innerhalb des Dorfes gehaltene Vieh am Ausbrechen gehindert.

Immer wieder bringen neue Entdeckungen weitere Details über das Leben unserer Vorfahren ans Licht, doch in vielen Fällen stellen sich auch neue Fragen. Diese zu beantworten hat sich der Ausgräber, Dr. Guntram Schönfeld vom Bayerischen Landesamt für Denkmalpflege, bei der zukünftigen Freilegung des restlichen Areals vorgenommen. Pestenacker wird daher in der Forschung noch weiter von sich hören machen.

Die Häuser waren alle ähnlich konstruiert: die Holzpfosten, auf denen die Bauten ruhten, waren bis zu 1,1 Meter tief in den Boden gerammt. Neben den Eck- und den zwei bis drei Wandpfosten an der Längsseite verfügten sie an der Giebelseite über einen Firstpfosten, in dessen Flucht häufig im Hausinneren eine zusätzliche Stütze stand. An der Rückfront von drei Häusern befand sich ein Areal, das möglicherweise als Standplatz für das Vieh genutzt wurde.

3496 vor Christus, also zwanzig Jahre nach der Aufgabe

der Siedlung von Unfriedshausen, gründeten vermutlich deren Bewohner in unmittelbarer Umgebung ein neues Dorf, das heute nach dem Ort Pestenacker benannt ist. Nach etwa zweijähriger Vorbereitung wurde gleichzeitig der Bau des Zauns, eines Weges und der Gebäude begonnen. Es muß ein von langer Hand geplantes Unternehmen gewesen sein, denn jedes Fleckchen innerhalb der Bachschleife mußte ausgenutzt werden.

Als erstes wurden die Eckpfosten und Firstpfähle etwa 2,4 Meter tief in den Boden gedreht. Sie bildeten das Gerüst für die Wand- und Dachkonstruktion. Dann erst wurden die Schwellhölzer für die Wände in den Boden eingelassen und ein Pflaster aus Kieselsteinen für die großen Feuerstellen ausgelegt.

Bei der Auslegung des Bodens machte man sich ganz besondere Mühe: Birkenstammstücke bildeten den Untergrund für einen dicken Lehmestrich. In der rückwärtigen Haushälfte lagen Birkenäste mit noch belaubten ganzen Baumkronen. Darüber wurde eine Schicht entdeckt, die aus einer rätselhaften Masse mit Pflanzenfasern besteht. Diese Fasern entpuppten sich als Strohhäcksel mit Resten der Stall- oder Stubenfliege, also wahrscheinlich Rindermist. Ob es sich dabei nun tatsächlich um den ältesten bisher ausgegrabenen Misthaufen handelt oder nur um eine außergewöhnliche Fußbodengestaltung, das werden vielleicht die weiteren Ausgrabungen ans Licht bringen. Vom besterhaltenen Haus 1 führte im hinteren Bereich eine Tür auf eine Art Hofplatz, der mit Mist und Abfall bedeckt war. Dies wäre wiederum ein Indiz für einen Rinderstall. In einem anderen Gebäude wurde Ziegenmist entdeckt. Überraschend ist der Fund von 130 verschiedenen Küchenkräutern.

Die Gebäude besaßen Abmessungen von 8 mal 4 und 6,3 mal 3,8 Metern; die bebaute Fläche umfaßte etwa 35 mal 30 Meter. Die Häuser von Pestenacker waren innen so aufgeteilt wie die in Unfriedshausen: Im vorderen Bereich haben die Bewohner offensichtlich gearbeitet und gekocht, im hinteren Teil geschlafen. Und wieder war es ein Brand – diesmal bereits vier Jahre nach dem Bau der Häuser –, dem das Dorf zum Opfer fiel. An derselben Stelle errichtete man neue Gebäude. Es lassen sich über den Ruinen dieses Dorfes noch zwei weitere Bauphasen rekonstruieren.

Schönfeld schließt aus den Befunden der beiden Orte und aus den geringen Verschiebungen der Bauplätze, daß die Besitzverhältnisse Bestand hatten. Es ist darüber hinaus zu vermuten, daß stabile soziale Verhältnisse herrschten und die Gemeinschaft die Erhaltung der Zäune, der Wege und der Brücken über den Bach gewährleistete. Die gewachsenen Strukturen blieben über Generationen hinweg erhalten und dokumentieren ein Anwachsen der Siedlung von sechs bis zu maximal neunzehn Gebäuden. Was liegt also näher als die Annahme, daß in Pestenacker ein oder zwei Familien ein Dorf gründeten, das zur Keimzelle einer größeren Siedlung wurde? Die Nachfahren verstanden es, die Traditionen zu wahren, die Flächen für Ackerbau und Viehzucht auszudehnen und den Besitz zu mehren. Daß es damals schon Kontakte nach Italien gab, verrät ein in der Siedlung gefundener Steindolch, der aus oberitalienischem Material gefertigt wurde.

Auf der Suche nach Erz

1864 entdeckte ein Hirtenjunge in Stollhof, südwestlich von Wien, in einem schwer zugänglichen Gelände an der Hohen Wand in 700 bis 800 Meter Höhe ein Depot von Metallgegenständen. Der überwiegende Teil bestand aus Kupfer: zwei Flachbeile, ein eberzahnförmiges Zierblech, Armspangen, Doppelspiralen, Spiralröllchen. Aus getriebenem Goldblech waren zwei kreisrunde durchlochte Scheiben mit einem Durchmesser von 13,8 und 10,6 Zentimetern. Solchen Brustschmuck kennt man aus Südosteuropa, wo Frauen ihn um 4000 vor Christus als Grabbeigaben erhielten. Ihr Fundort bei Wien bezeugt, daß es damals bereits Handelsbeziehungen weit in den Balkan hinein gegeben haben muß, vielleicht sogar darüber hinaus. Das westlichste Pendant dieser sogenannten Buckelscheiben wurde vor nicht langer Zeit in Hornstaad am Bodensee gefunden und konnte in die Zeit um 3900 vor Christus datiert werden. Professor Christian Strahm vermutet mit der Verbreitung der Metallurgie einhergehende kultisch-magische Vorstellungen, die durch diese weit gestreuten wertvollen und symbolhaften Objekte illustriert werden.

Auch in einigen Pfahlbausiedlungen der Schweiz tauchen ab dem Beginn des 4. Jahrtausends zunehmend Kupfergegenstände auf: Flachbeile und Ringperlen. Sie läuten eine neue Epoche ein, die Kupferzeit, und stehen am Anfang einer Entwicklung, in der die Menschen lernten, Metalle zu verarbeiten. Zu den ersten Metallen, die die Menschen abbauten, gehören Kupfer und Gold, vermutlich weil beide in der Natur auch in gediegener Form (ohne Beimischungen) vorkommen.

Waffen und Werkzeuge, die man bisher ausschließlich aus Stein gefertigt hatte, wurden zunächst aus Kupfer kalt ge-

hämmert und später gegossen, wobei oft die Form der Steinwerkzeuge beibehalten wurde. Doch blieben auch diese
selbst weiterhin in Gebrauch, denn Kupfer war eine Selten-
heit und dementsprechend wertvoll. Daher hat man die Epoche auch Kupfersteinzeit (Chalkolithikum) genannt.

Leider sind viele Kupferfunde in der Schweiz bei ihrer Bergung im 19. Jahrhundert nicht dokumentiert worden, ihre
Zuordnung zu einer bestimmten Kulturschicht ist also weitgehend unbekannt. Seitdem hatte sich kaum noch jemand
mit ihnen befaßt, bis sie vor etwa zwanzig Jahren wieder das
wissenschaftliche Interesse auf sich lenkten.

Obwohl die Flachbeile in Form und Größe erheblich voneinander abweichen, konnte man allmählich zwei Haupt-
typen unterscheiden: die massiveren Beile des Typs Thayngen und die kleineren Klingen vom Typ Robenhausen, die
aber nur in einem eng begrenzten Gebiet gefunden wurden.

Ähnliche Spiralröllchen, wie man sie in Stollhof und vereinzelt in der Schweiz gefunden hat, kamen im Karpatenraum zum Vorschein. Kupferne Messer mit einfacher ge-
hämmerter Schneide waren ebenfalls in der Schweiz und in
den Pfahlbauten am Mondsee nahe Salzburg in Gebrauch.
Auch sie zeugen von Handelsbeziehungen bis nach Südosteuropa. Wahrscheinlich wurden zunächst einzelne fertige
Gegenstände aus Kupfer importiert, dann die Techniken der
Metallverarbeitung vermittelt, möglicherweise durch wan-
dernde Metallhandwerker aus dem Osten; mit ihnen kamen
auch die ersten Rohstoffe, womit ein reger Kupferhandel
einsetzte.

Kupfer kommt in Mitteleuropa mit Beimischungen von
Kobalt, Silber und Arsen vor. Lagerstätten von Kupfer mit
Arsen sind in den Alpen relativ häufig, woher wahrschein-
lich auch das Rohmaterial für das Beil des Gletschermannes
stammt; immerhin fand der Metallurge darin Spuren von
Arsen und Silber.

Wichtige Kupfervorkommen gibt es außerdem auf Helgoland, wo man heute noch in den Klippen nördlich der Insel erbsengroße Brocken gediegenen Kupfers aufsammeln kann. Daß hier das Metall bereits in der Kupferzeit abgebaut worden sein muß, verraten erste Analysen nordischer Funde. Allerdings vermutet man, daß die Insel in der Vergangenheit einen Küstenstreifen von etwa 400 Meter verloren hat und daß Überreste eines prähistorischen Bergbaus daher längst verschwunden sind.

Auf Zypern (griechisch Kypros), das dem Metall den Namen gegeben hat, wurden die reichen Lagerstätten vor allem im 2. Jahrtausend vor Christus ausgebeutet. Ebenso wie der Abbau ist uns auch die Weiterverarbeitung des Rohmaterials nur sehr selten überliefert. Oft sind es lediglich Gußtiegelbruchstücke aus Ton, die uns Anhaltspunkte dafür liefern, daß in einer Siedlung Metall geschmolzen wurde.

Wahrscheinlich haben die Menschen der Vorzeit die grünen Brocken wegen ihrer schillernden Oberfläche in Bächen oder Flüssen und in der Nähe hochliegender Erzadern aufgelesen und versucht, sie wie Feuerstein zu bearbeiten. Das Metall splitterte jedoch nicht, sondern blieb massiv, veränderte aber seine Form.

Das gediegene Kupfer wurde also zunächst kalt gehämmert und im 9. Jahrtausend zu Perlen verarbeitet, wie man sie in Ali Kosch in Westpersien gefunden hat. Aus dem 8. Jahrtausend stammen die kupfernen Ahlen und Perlen, die in

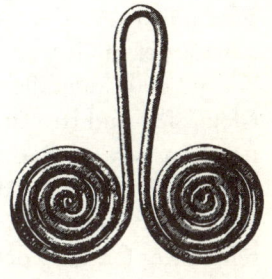

1901 entdeckte Kupferspirale aus der Umgebung des Neuenburger Sees (4. Jahrtausend vor Christus)

Çayönü Tepesi in Ostanatolien zum Vorschein kamen. Im 7. und 6. Jahrtausend hat man im Nahen und Mittleren Osten vereinzelt aus gediegenem Kupfer kleine Geräte hergestellt, doch das neue Metall scheint sich nicht durchgesetzt zu haben. Nur in Çatal Hüyük in der Türkei ist Kupferschmuck (Perlen, Röhrchen und Ringe) von etwa 6400 bis 5700 kontinuierlich bezeugt. Daß damals die wahrscheinlich große Nachfrage nicht befriedigt werden konnte, erklärt man damit, daß Überschüsse an Nahrungsmitteln noch nicht erwirtschaftet wurden, um spezialisierte Metallhandwerker zu »bezahlen« oder Tauschhandel zu treiben, was zu der Zeit nur in der hochentwickelten Stadt Çatal Hüyük möglich war.

Schmelzöfen aus dem 4. Jahrtausend hat man in Timna bei Elat in Israel entdeckt. Hier konnte nachgewiesen werden, daß die Metallhandwerker damals bereits exakte Kenntnisse über die Verhüttung von Kupfererz besaßen. In ausgekleideten Gruben von etwa 45 Zentimetern Durchmesser hat man das in Steinmörsern zerkleinerte Kupfererz mit glühender Holzkohle erhitzt. Um die nötigen Temperaturen zu erzielen, muß es bereits primitive Gebläse gegeben haben. Bei etwa 1100 Grad Celsius bildeten sich metallisches Kupfer, das zu Boden sank, und darüber Laufschlacke. Nachdem der Ofen erkaltet war, zerschlug man ihn, um Schlacke und Metallkuchen zu entnehmen. Dieses Rohmaterial wurde über weite Distanzen hinweg transportiert. In Ägypten sind im 4. Jahrtausend Armbänder, Ringe, Nadeln, Scheren, Pinzetten, Beile, Messer, ja sogar Wannen, Schüsseln und Krüge aus Kupfer in Gebrauch gewesen.

Um 7000 drang die Technik der Kupferverarbeitung über Kleinasien und den nördlichen Balkan auch in den Karpatenraum vor, wo beispielsweise die Bearbeitung von Malachit in Lepenski Vir dokumentiert ist. Zunächst begnügte man sich vermutlich mit dem Aufsammeln von gediegenem, reinen Kupfer, das noch vereinzelt im 19. Jahrhundert in Rumänien in Stücken von bis zu fünfzehn Kilogramm gefunden wurde. Die ersten Metallhandwerker stellten daraus vor allem Armringe, Ohrgehänge und Nadeln mit und ohne Doppelspirale her, wie man sie unter anderem in der Siedlung Ruse im Norden Bulgariens gefunden hat. Die auf dem Balkan abgebauten Kupfererze Malachit und Azurit wurden auch als Pulver zur grünen und blauen Verzierung von Tonidolen verwendet.

Die Männer, die auf der Suche nach neuen Lagerstätten waren, frühe Prospektoren, erkannten kupfererzführende Adern an den grellbunten Farben in den Verwitterungszonen der Oberfläche. Nur wenige Bergwerke aus der Kupferzeit sind bisher entdeckt und noch seltener ausgegraben worden. Eine dieser Anlagen haben Archäologen in Aibunar bei Stara Zagora in Bulgarien untersucht; bei einer Expedition machte man fünfzig weitere ausfindig, die vermutlich teilweise auch in der Kupferzeit abgebaut wurden. Doch in Aibunar sind die Spuren des vorgeschichtlichen Abbaus nicht durch jüngere Eingriffe zerstört worden. Hier ist man an Kalksteinhängen, wo das Erz an die Oberfläche tritt, in die einen halben bis fünf Meter breiten Erzadern vorgedrungen. Die offenen Gänge waren zehn bis 110 Meter lang und erreichten eine durchschnittliche Tiefe von zwei bis vier Metern.

Mit Geweihhacken, Äxten und Hämmern aus Stein, aber auch mit Kupferwerkzeugen hat man das Gestein herausgeschlagen. Äxte aus Kupfer besaßen oft zwei unterschiedliche Schneiden, an der einen Seite längs und an der anderen quer zum Holm. Sie waren gegossen und für diese Arbeit sicher viel zu weich, denn die Schneiden wurden schnell gestaucht. An manchen Exemplaren aus dieser Zeit erkennt man, daß die Handwerker beim Versuch, die Schneide im hölzernen Griff zu verkeilen, bereits das weiche Kupfer deformiert hatten.

Interessant ist, daß die Gräben nach dem Abbau wieder

mit Abraum aufgefüllt wurden, was aus technischen Gründen nicht notwendig gewesen wäre. Vielleicht wollte man die Narben, die man der Natur zugefügt hatte, wieder verschließen.

Übriggeblieben sind von den Abbaustrecken nur flache Mulden, in denen Bestattungen ohne Beigaben zum Vorschein kamen. Wahrscheinlich wurden hier verunglückte Bergleute beerdigt. Ein männliches Skelett innerhalb eines Steinkreises war so intensiv grün gefärbt, daß man vermutet, daß ihm Kupferbrocken, vielleicht das schöne Malachit, mit ins Grab gegeben worden waren.

Geschmolzen wurde das Kupfer nicht in der Nähe des Abbaugebietes, denn weder Verhüttungsöfen noch Schlackenüberreste wurden hier gefunden. Allerdings lagen in Siedlungen in der Umgebung, beispielsweise in Stara Zagora, neben kupferzeitlicher Keramik auch Erzbrocken, die wegen ihrer Zusammensetzung aus Aibunar stammen müssen.

Beim Kupferabbau in diesem Jahrhundert hat man in Rudna Glava, im Nordosten Serbiens, ein altes Bergwerk aus der Kupferzeit, aus der zweiten Hälfte des 4. Jahrtausends, entdeckt. Von Arbeitsplattformen, die am steilen Hang des Kalkgebirges errichtet wurden, drangen die Bergleute, die auch über erhebliche statische Kenntnisse verfügt haben müssen, bis in eine Tiefe von zehn Metern in die grün und blau gefärbten Erzadern bis zum Grundwasser vor. Dabei verwendete man Hirschgeweihhacken und schwere Steingeräte. Diese besaßen in der Mitte eine Rille, an der sie an einem hölzernen Griff festgebunden waren. An den Öffnungen der Schächte waren Werkzeuge und Keramikgefäße deponiert: Arbeitsgeräte und Vorratstöpfe oder aber Opfer für eine Erdgottheit. Weder von den Siedlungen, wo die Bergleute wohnten, noch von den Verhüttungsplätzen hat man bisher Spuren entdeckt.

In den Siedlungen der Karanovo-Kultur in Ostbulgarien hat man zum Schmelzen vorbereitete Erzbrocken, zahlreiche

Tondüsen von Blasebälgen, mit denen man durch zusätzliche Luftzufuhr höhere Temperaturen erzielte, und Gußtiegel gefunden. Vielleicht hat man das heiße, flüssige Metall zunächst in einfache Formen gegossen, die in den weichen Stein geschnitten waren. Später hat man möglicherweise den Guß »in verlorener Form« praktiziert: Ein Modell aus Bienenwachs wurde mit Ton ummantelt. Nachdem beim Brand der Tonform das heiße Wachs ausgelaufen war, wurde in den Hohlraum geschmolzenes Kupfer gegossen. War das Metall erkaltet, zerschlug der Handwerker die Tonform. Daß man auch zwei- und dreiteilige Formen für schwere Äxte verwendet hat, beweisen die Gußnähte einer Axt aus Aibunar.

Das Kupfer aus Aibunar wurde unter anderem in Werkstätten in der Umgebung von Varna (Warna) zu Geräten und Schmuck verarbeitet, die auch den Toten mitgegeben wurden. Hier, an der Westküste des Schwarzen Meers, hatte sich im 5. Jahrtausend eine blühende Zivilisation entwickelt. Die Nekropole mit ihren bis 1986 insgesamt 281 freigelegten Gräbern, von denen nur 23 ohne Beigaben waren, gewährt einmalige Einblicke nicht nur in die Jenseitsvorstellungen der damaligen Zeit, sondern auch in ein sehr frühes Gesellschaftssystem, das offensichtlich streng hierarchisch gegliedert war.

Mehr als 3000 Goldgegenstände mit überwiegend geometrischen Formen führen den Reichtum der herrschenden Schicht ebenso wie die ungewöhnliche Kunstfertigkeit der dortigen Handwerker in vorgeschichtlicher Zeit vor Augen. Die Palette der Grabbeigaben reicht von halbkugeligen, kugelförmigen und zylindrischen Goldperlen über Armringe und Goldbleche mit Rinderdarstellungen bis hin zu Goldgriffen steinerner Prunkäxte. Aber auch Kupferschmuck, wie Ringe und Armreife, wurde in den Grabstätten gefunden.

Daneben gab es prächtige Kenotaphe, an Tote erinnernde Gedächtnismale in Gestalt von Grabmälern, die aber keine

Gebeine enthielten. Über ihre genaue Bedeutung kann man nur spekulieren. Vielleicht sollten sie die Erinnerung an hochgestellte Persönlichkeiten wachhalten, die in der Fremde, etwa auf Kriegszügen, gestorben waren.

In drei solcher Scheingräber hat man Tonmasken mit menschlichen Zügen gefunden. Eine trug auf der Stirn ein dreieckiges goldenes Diadem und an den Ohren Ringe aus Gold. Auch steinerne Spinnwirtel, vielleicht Attribute der Frau, waren unter den Grabbeigaben.

In drei weiteren Kenotaphen fanden sich zahlreiche Werkzeuge für die Metallverarbeitung: kupferne Hämmer, Meißel, Keile und Stichel. In einem der Scheingräber lagen zwei schwarze Tongefäße mit geometrischer Goldstaubauflage, vier goldene Armringe, rechteckige und runde Goldbeschläge, 242 Goldperlen, zwei Kupfermeißel, eine Kupferaxt, in der Mitte der Grube ein Kupferbeil, eine Hirschgeweihhacke, eine Steinaxt mit goldbeschlagenem Griff und 1400 Muschelschalen. Ähnliche, nur kleinere Werkzeuge für die Metallverarbeitung hat man Kindern mit ins Grab gegeben.

Diese Geräte sind wahrscheinlich Statussymbole einer führenden Gesellschaftsschicht, die durch die monopolartige Beherrschung der Metallverarbeitung aufgestiegen war. Sie hütete ihre Kenntnisse und handwerklichen Fertigkeiten wie ein Geheimnis, in das nur die Söhne eingeweiht wurden. Die Rede ist vom vielleicht ältesten spezialisierten Beruf, dem des Schmieds. Was er kannte und was er konnte, entzog sich dem allgemeinen Bewußtsein und grenzte mitunter an Zauberei, denn er besaß die Fähigkeit, ganz besondere Dinge zu erschaffen, Erz in Waffen und Werkzeuge zu verwandeln. Wer sie besaß, war anderen überlegen. Er verlieh aber auch der Macht des Herrschers Ausdruck, indem er Zepter und Diadem herstellte.

Die frühe Bedeutung des Schmieds, der noch heute im verbreiteten Familiennamen (Schmid, Schmidt, Schmitt oder

Smith) weiterlebt, mag man ermessen, wenn man bedenkt, daß es bei den Griechen einen Gott gab, der Schmied war, und bei den Germanen die dämonische Gestalt des Wieland, König der Alben (unterirdische Naturgeister, was auf die Erzstätten verweisen könnte) und der Schmiede.

Die Spezialisierung auf die Verarbeitung von Kupfer und die organisierte Produktion bedeutete Arbeitsteilung und führte zu umwälzenden gesellschaftlichen Veränderungen, denn die Gemeinschaft mußte für die Menschen, die tagein, tagaus auf der Suche nach den begehrten Bodenschätzen waren, für die Bergleute und für die Kupferschmiede Nahrungsüberschüsse erwirtschaften, woraus sich der Tauschhandel entwickelte. Doch wurden schon früh Kupferbarren als Tauschmittel eingesetzt – sie waren damit eine Vorform des Geldes.

Hand in Hand mit der Kupferverarbeitung ging die Herstellung von Goldgegenständen. Daß Gold ebenfalls abgebaut und nicht so sehr aus Flüssen gewonnen wurde, belegen Metallanalysen. Denn Spuren von Zinn, wie sie im Flußgold vorkommen, hat man bei den Edelmetallgegenständen kaum festgestellt. Aufschlußreich ist, daß ein Teil der in Varna gefundenen Goldschmuckstücke eine natürliche Platinbeimischung aufweist, wie sie beispielsweise weiter im Osten, etwa in Anatolien, vorkommt, was weitreichende Handelsbeziehungen nach dort bezeugt.

Die Nachfrage nach dem begehrten Metall war so groß, daß sich andere auf den Fernhandel zu Wasser und zu Lande spezialisierten. Gegen Gold tauschte man beispielsweise Kupfer, das wahrscheinlich als Drahtbarren transportiert wurde – in einem Grab in der Nähe von Varna hat man ein Exemplar mit einer Drahtlänge von 1,64 Metern gefunden.

Kupfer vom Balkan wurde auch in südrussischen Gebieten bis zum Dnepr, ja sogar an der unteren Wolga gefunden. Hier lebten nomadisierende Viehzüchter, die im 5. Jahrtausend das Pferd domestiziert hatten. Mit ihren Pferden konnten sie sich schnell fortbewegen, ihre Herden besser bewachen und großräumige Weidegebiete in kurzer Zeit erschließen; dadurch waren sie anderen Völkern weit überlegen. Die Bedeutung von Pferden und Rindern bezeugen sogenannte Pferdezepter, kleine steinerne Skulpturen mit Pferdekopf, und figürliche Darstellungen.

Der Tauschhandel zwischen den Pferdezüchtern in den südrussischen Steppen und den Kupferproduzenten und -händlern vom Balkan führte zu langen und engen Kontakten zwischen beiden Kulturkreisen. Mancher nomadisierende Viehzüchter ist auf den Balkan abgewandert. Wenn er starb, wurde er mit seinem Pferdezepter bestattet. So gelangten die Kenntnisse von der Pferdezucht ins südöstliche Europa.

Ein anderer bedeutender Handelsweg führte vom Schwarzen Meer an der Donau entlang nach Nordwesten unter Umgehung der Alpenbarriere nach Österreich und Süddeutschland. Auf ihm kam recht früh die Kenntnis der Kupferverarbeitung in den Alpenraum und wahrscheinlich auch das Pferd. So hat man Skelettreste von Pferden in Siedlungen auf Schweizer Boden gefunden, die aus der Zeit um 3800 vor Christus stammen sollen. Vermutlich hat man damals aber noch nicht Pferde gezüchtet.

Eine der wichtigsten Erfindungen, die im Zweistromland gemacht wurde, die des Rades und des Wagens, gelangte ebenfalls auf diesem Weg in den Westen. Tonmodelle von vierrädrigen Karren aus dem 3. Jahrtausend aus Ungarn belegen das allmähliche Vordringen auf der Donauroute. Um 3000 vor Christus tauchen in den Ufersiedlungen erste Radfunde auf, die zu Karren mit rotierender Achse gehörten, wie die von Alleshausen am Federsee. In Zürich entdeckte man weitere Räder. Die vier teilweise fragmentierten Scheiben, aus mehreren Brettern zusammengesetzt, haben ein quadratisches Loch in der Mitte und standen noch senkrecht im Boden. Bei zweien wurde sogar die Achse gefunden. Wahrscheinlich gehörten sie einmal zu zweirädrigen Karren und wurden am Rand der Siedlung abgestellt, nachdem man die Wagen auseinandergenommen hatte.

Gußkuchen (flache, runde gegossene Kupferscheiben) aus dem Salzachgebiet besitzen eine ganz ähnliche Metallzusammensetzung wie die Kupferstücke aus der Schweiz und die Beile des Typs Thayngen. Möglicherweise hat man das Kupfer im 4. Jahrtausend von hier in das Gebiet der heutigen Schweiz transportiert. Diese Gußkuchen sind wichtige Zeugnisse einer sehr frühen Kupferproduktion in den Alpen.

Vielleicht stammen sie vom Götschenberg bei Bischofshofen, fünfzig Kilometer südlich von Salzburg. Erst in den letzten Jahren haben Archäologen dort auf der Hochfläche in den untersten Kulturschichten Siedlungsspuren aus der Kupferzeit, aus dem Beginn des 4. Jahrtausends freigelegt.

Damals lebten hier die Menschen der Mondsee-Kultur, benannt nach einem der Seen im Salzkammergut, wo ausgedehnte Uferrandsiedlungen bestanden. Ihre ansprechende Keramik ist mit weiß eingelegten Kreis- und Sternmustern verziert. Diese Siedler dürften als erste die einheimischen Kupfererze verhüttet haben.

Auf dem Götschenberg errichteten sie Pfostenhäuser von etwa 5,5 mal 2,5 Metern. Auf flachen Steinplatten hat man Kupfererz mit Klopfsteinen zerkleinert. Am Boden eines großen Vorratsgefäßes lagen Stücke von Kupferschlacke; darüber hinaus wurden kleine Gußtiegelchen aus Keramik geborgen, deren Innenfläche durch die Hitze Blasen geworfen hat und an denen Malachitkörnchen haften. Außerdem fand man Gußtropfen reinen Kupfers. Wenn diese Funde auch noch so unscheinbar sind, so belegen sie doch, daß hier Kupfer geschmolzen und gegossen worden ist. Wahrscheinlich haben die Kupferhandwerker nicht nur einfache Nadeln produziert, wie man sie hier gefunden hat. Schächte aus dieser frühen Zeit des Kupferabbaus wurden bislang hier und in der Umgebung jedoch noch nicht gefunden. Übrigens liegt das Gebiet nur rund 200 Kilometer Luftlinie vom Fundort des Gletschermannes entfernt, der rund tausend Jahre später mit einem entwickelten Kupferbeil die Hochalpen durchstreifte.

Jüngere Siedlungsspuren auf dem Götschenberg aus der Bronzezeit, also einer Epoche, in der man Legierungen aus Kupfer und Zinn herstellte, belegen, daß im 2. Jahrtausend hier immer noch Kupfer abgebaut wurde. Die Keramikgefäße, die die Bewohner damals verwendeten, sind, wie in vielen Siedlungen aus dieser Zeit im inneralpinen Raum nahe der Bergbaugebiete, mit zermahlener Kupferschlacke gemagert, die dem fetten Ton zugesetzt wurde, um ein Springen beim Brand zu verhindern.

Die Bronze, der neue Werkstoff aus Kupfer und Zinn, wurde nach dem mittellateinischen Wort »bronzium« benannt. Dieses wiederum leitet sich von »aes Brundusi« ab, den antiken Metallwerkstätten von Brindisi. Das Zinn, das vielleicht in Cornwall, in Böhmen, in Nordspanien oder Mittelitalien abgebaut wurde, brachte nicht nur Erleichterungen beim Verhütten – die Schmelztemperatur, die bei Kupfer etwa 1100 Grad Celsius betragen muß, konnte durch die Zugabe von Zinn auf 950 Grad reduziert werden –, sondern verbesserte auch die Qualität des Gusses und die Härte des Metalls. Die Produktion von Bronzegegenständen setzte weitreichende Handelsverbindungen voraus, die wiederum zu einem verstärkten Austausch anderer Güter führte.

Bereits zu Beginn der Bronzezeit in Mitteleuropa, die nach neuesten C-14-Datierungen um 2300 einsetzte, begann der Mensch, Metallgegenstände zu horten. Zahlreiche Depotfunde belegen, daß man in unruhigen Zeiten Besitztümer versteckte und keine Gelegenheit mehr hatte, sie zu bergen. 1972 und 1985 hat man in Ragelsdorf bei St. Pölten zwei solcher Verwahrfunde – einer wog 35 Kilogramm – aus dem Beginn der Bronzezeit entdeckt, die sich unter anderem aus

Randleistenbeilen und Ringbarren zusammensetzen. Vielleicht hatte hier ein Bronzehandwerker oder ein Händler seine Waren vor einem herannahenden Feind vergraben.

Am Ende der gesellschaftlichen Veränderungen, die sich seit der Kupferzeit allmählich vollzogen hatten, lebten spezialisierte Handwerker, Händler, Bauern und Krieger teilweise in befestigten Siedlungen, wie im niederösterreichischen Böheimkirchen bei St. Pölten.

Am Mitterberg in unmittelbarer Umgebung vom Götschenberg im Salzachgebiet befindet sich das bisher am besten untersuchte Bergwerk der Alpen. Bereits 1827 war man in der Kupferkies führenden Grauwackenzone auf Spuren von Bergleuten aus der Vorzeit, auf Hämmer aus Stein und Bronze sowie auf Holzgeräte und mit Ruß überzogene Stollen gestoßen.

1872 wurden im Mitterberg bronzezeitliche Stollen entdeckt, die unter Wasser standen; die Bergleute müssen sie vor etwa 3000 Jahren bei einem Sommerunwetter fluchtartig verlassen haben. Die bis zu 400 Meter langen Gänge führen schräg nach unten bis zu einer Tiefe von 170 Metern. Sie waren an brüchigen Stellen mit Holzbrettern verschalt, deren Reste noch im vergangenen Jahrhundert erhalten waren.

Zunächst erhitzte man das Gestein an der Oberfläche der erzführenden Adern und schreckte es mit Wasser ab. Dadurch wurde es gelockert und konnte leichter abgeschlagen werden. Unter Tage ging man ähnlich vor. Auf lehmisolierten Tribünen, zu denen Steigbäume aus Fichtenstämmen hinaufführten, brannten Holzkohlefeuer, die die Wände und Decken der Stollen erhitzten. Das herausgeschlagene kupferhaltige Gestein wurde in Trögen und Schlitten aus Holz nach draußen befördert. Reste einer Seilwinde, die den Transport erleichterte, zeugen vom hohen technischen Standard der vorgeschichtlichen Bergleute.

Durch einen zweiten, höher gelegenen Ausgang konnten

Abbau von Kupfererz mit Hilfe des Feuersetzens: auf lehmisolierten Tribünen brannten Holzkohlefeuer, die die Wände erhitzten (nach G. Kyrle, 1918)

die Bergleute entkommen, wenn der erste verschüttet wurde. Durch ihn zog auch der Rauch der Holzkohle ab. Dieses System ermöglichte im übrigen eine gute Luftzirkulation in den Stollen. Einströmendes Grubenwasser wurde im unteren Bereich des Stollensystems hinter Dämmen aus Lehm und Holz gestaut und mit Holzkübeln abgeschöpft.

Draußen zerkleinerte man das Gestein; die schwereren Kupfererzpartikel wurden wie bei der Goldwäsche in einem etwa zehn Quadratmeter großen hölzernen Becken ausgewaschen. Das feine Erzmehl wurde in den Röstbetten, in etwa 0,9 Meter breiten und bis zu zwanzig Meter langen Gruben, die mit Steinen gefaßt waren, erhitzt, um den Schwefel zu entfernen.

Einige Öfen mit quadratischem Grundriß von vierzig bis siebzig Zentimetern waren noch etwa neunzig Zentimeter hoch erhalten; vermutlich erreichten sie ursprünglich eine Höhe von zwei Metern. Darin wurden Erz, Quarz und Holzkohle in Schichten übereinandergelegt. Bei diesem Schmelzprozeß wurde das im Erz enthaltene Nebengestein Eisen mit dem Flußmittel Quarz als glasartige Masse, als Schlacke vom Kupfer abgetrennt. Um sie zu schmelzen, mußte die Temperatur auf 1200 bis 1300 Grad Celsius erhöht werden – bei 1084 Grad Celsius liegt der Schmelzpunkt von Kupfer –, was man mit Blasebälgen aus Ziegenhautschläuchen, die an Tondüsen angeschlossen wurden, erreichte. Nachdem sie entfernt waren, konnte man an diesen Stellen die flüssige Schlacke ablassen; am Boden blieb das Kupfer zurück.

Der vordere Teil, die Ofenbrust, mußte zerstört werden, um das Metall herauszuholen. Sobald die Schlacke in Platten erstarrt war, zerschlug man sie, um zu kontrollieren, ob noch Kupfer darin eingeschlossen war. Die Bruchstücke landeten auf Schutthügeln in der Umgebung. Bei anderen Schmelzöfen hat man beobachtet, daß die in der Mulde um den Ofen herum ringförmig erkaltete Schlacke mit einem

Haken auf die nächste Halde transportiert wurde. Die Tagesproduktion konnte bei einem Ofen zwanzig bis sechzig Kilogramm Kupfer betragen.

Insgesamt rechnen die Montanarchäologen mit einem Abbau von etwa 20 000 Tonnen Kupfer im gesamten Mitterberggebiet vom 17. bis zum 10. vorchristlichen Jahrhundert, wobei auf den Hauptgang eine Jahresleistung von zehn Tonnen entfallen dürfte.

Das in der Salzachgegend und am Mitterberg gewonnene Kupfer wurde in der Bronzezeit zunächst in halsring- und später in spangenförmigen Barren von etwa 200 Gramm gehandelt. Aber auch damals beförderte man noch das Rohmaterial als Gußkuchen, als runde, drei bis sechs Kilogramm schwere Kupferscheiben.

Die Bergleute und die Metallhandwerker am Mitterberg beherrschten also in der Bronzezeit komplizierte Techniken des Abbaus und der Verhüttung von Kupfererz. Daß ihre Vorfahren bereits in der Kupferzeit, mehr als 2000 Jahre früher, ähnliche Stollen in den Berg getrieben und vergleichbare Verhüttungsverfahren angewendet haben, ist durchaus wahrscheinlich. Dafür jedenfalls sprechen die erwähnten Reste aus der Kupferzeit, die am Götschenberg gefunden wurden. Doch erst weitere erfolgreiche Ausgrabungen können letzte Gewißheit über die Arbeit unter Tage in der Kupferzeit geben.

Auch im Languedoc wird ein Abbaugebiet erforscht. Es liegt in Cabrières, etwa fünfzig Kilometer nordwestlich von Montpellier. Die Situation dort ist sehr günstig, denn es wurden Schächte mit Spuren von Verhüttung entdeckt, deren Anfänge sicherlich in die Zeit um 2900 vor Christus zurückgehen. Dabei handelt es sich um ein stark arsen- und antimonhaltiges Erz, das zu den Fahlerzen zählt. Wie weit dieses Rohmaterial des Bergwerks von Cabrières verhandelt wurde, verraten Metallanalysen: Erze von hier gelangten bis in die Westschweiz, in den Norden und in den Nordwesten.

Kamen die Impulse für die Metallverarbeitung in Südfrankreich aus Spanien oder Italien? Nach Auffassung von Christian Strahm spricht vieles für eine Anregung aus Italien.

Heute ermitteln Forscher mit Hilfe von Metallanalysen die Herkunft der Metalle. Mit der Neutronenanalyse kann man sogar die Lagerstätten feststellen. Ein neu geschaffener Lehrstuhl an der Bergbau-Universität in Freiberg in Sachsen widmet sich unter der Leitung von Professor Ernst Pernicka der Analyse verschiedenster Metalle. Im Württembergischen Landesmuseum in Stuttgart sind nahezu 40 000 solcher Untersuchungen in einer Datenbank gespeichert, die unter anderem auf die Forschungen von Dr. Hilmar Schickler zurückgeht.

Mit den neuesten Ergebnissen und ihrer Interpretation befaßt sich am Württembergischen Landesmuseum auch Dr. Irenäus Matuschik. Er hat festgestellt, daß die Anfänge der Metallurgie in Mitteleuropa, angeregt durch Kupferimporte aus Südosteuropa, inzwischen bis in die Zeit um 4300 vor Christus zurückreichen. Seiner Meinung nach führten diese importierten Metallobjekte im Nordalpengebiet selbst zu einer lokalen Kupferproduktion, zunächst im ostalpinen Bereich. All diese frühen Kupferfunde im Mond- und Atterseegebiet bestehen ausschließlich aus Arsenkupfer. Anhand von sogenannten Verbreitungskarten kann Matuschik Objekte einer solchen Zusammensetzung bis in die Westschweiz und ins Elsaß verfolgen.

Nach jahrzehntelangen Forschungen hat Christian Strahm die Übernahme der Metallverarbeitung in verschiedene Entwicklungsphasen unterteilt: Mit seiner »Vorstufe« umschreibt er das Hämmern, Schleifen und Polieren von Kupfermineralien und gediegenem Kupfer. Darauf folgt die »Initialphase«, die das Wissen um die Technologie der Metalle voraussetzt. Erhitzen und Schmelzen, kalt und warm Schmieden, das sind die Tätigkeiten, die in diesem Stadium der Entwicklung im Vordergrund stehen. In der darauffolgenden »Experimentierphase« stellen Verhüttung sowie natürliche und zufällige Legierungen den Mittelpunkt dar. Hier scheint die Entwicklung ins Stocken geraten zu sein. Offensichtlich war der Abbau der leicht zugänglichen Erze an der Oberfläche erschöpft. Sogenannte Fahlerze in den unteren Schichten konnten nur mit tieferen Gängen erschlossen werden. Außerdem müssen sie mit einem komplizierteren Verfahren und bei höheren Temperaturen verhüttet werden.

In der frühen Bronzezeit war die Metallurgie ausgereift: Die »Industrielle Phase« ist gekennzeichnet durch den Abbau verschiedener Erze, das bewußte Legieren, das Verzieren und die serienmäßige Herstellung von Metallgeräten.

Diese komplizierten Techniken nachzuvollziehen versucht der Archäologe Walter Fasnacht vom Schweizerischen Landesmuseum in Zürich. Bei museumspädagogischen Vorführungen animiert er die Besucher zum Mitmachen und darf auf eine rege Beteiligung gefaßt sein, wo immer er auftritt.

Metallurgie ist seine Leidenschaft. Auch ganz unscheinbaren Forschungsobjekten wie Schlacken kann er etwas abgewinnen. Ihnen entlockt er vielfältige Informationen: über den Erztyp, die geologische Herkunft des Metalls, die Schmelztemperaturen, den Ofentyp, die Produktionsmenge und den Energieverbrauch.

Immer wieder fallen ihm neue Experimente ein. Für die Wissenschaftsredaktion des Bayerischen Fernsehens führte Walter Fasnacht vor laufender Kamera die komplizierten Arbeitsgänge vor, die für die Herstellung von Ötzis Beil nötig sind. Sein Credo lautet: Ohne genaue Kenntnisse des Tons gäbe es keine Metallurgie. Seine vielfältigen Versuche haben dies bestätigt: Nur feuerfester Ton war geeignet für das Hantieren mit und im Feuer.

Doch wie erreichten die Handwerker vor etwa 5000 Jahren diese hohen Temperaturen? Reinkupfer schmilzt bei 1083 Grad Celsius, die Tiegelkeramik bei etwa 1100 Grad.

Nur wer über eine große Erfahrung verfügte, konnte diesen komplizierten Arbeitsprozeß meistern. Die Feuereinwirkung mußte beispielsweise direkt von oben erfolgen. Tondüsen, mit denen das Feuer angefacht wurde, fand man von Rußland bis Frankreich. Walter Fasnacht hat sie nachmodelliert und mit ausgehöhlten Holunderstäben zu Blasrohren ergänzt – ein effektives Arbeitsgerät der Kupferzeit. Bei seinem Experiment wird in einer kleinen Erdvertiefung ein Tiegel eingelassen, der mit Kupferbruchstücken gefüllt wird. Darauf schichtet man brennendes Holz. Und dann heißt es blasen.

Walter Fasnacht und seine erfahrenen Mitstreiter sind ein eingespieltes Team. Dennoch geht ihnen manchmal die Puste aus, manchmal kommt es sogar zu Schwindelanfällen. Im Blut ließ sich bei ersten medizinischen Untersuchungen Sauerstoffmangel nachweisen. Wie mag sich erst das Einatmen giftiger Gase vor etwa 5000 Jahren auf den menschlichen Organismus ausgewirkt haben? Später in der Bronzezeit wurden Blasbälge zum Anfachen des Feuers eingesetzt, die einen kontinuierlichen Luftstrom garantierten.

Die Hohlform eines Beils stellt Walter Fasnacht her, indem er einen Holzmodel in den weichen Ton drückt. Dieser entstand nach dem Vorbild eines archäologischen Holzfundes aus Robenhausen in der Schweiz, dessen Bedeutung lange verkannt wurde und der bisher keine Parallele besitzt. Ein Indiz dafür, daß es Holzmodel für Beile gegeben haben dürfte, sind die gleichförmigen flachen Metallgeräte, die über größere Gebiete hinweg verbreitet waren und nur durch Schleifen oder Hämmern des Kupfers leicht voneinander abweichen.

Kaum ist das Metall geschmolzen, wird es in die Hohlform gegossen, wohlgemerkt mit Arbeitshandschuhen aus dem 20. Jahrhundert. Nicht immer gelingt das Experiment. Wie viele Versuche mögen vor 5000 Jahren gescheitert sein? Durch seine jahrelangen Erfahrungen ist es Fasnacht in-

zwischen auch möglich, den Arbeitsaufwand eines Bronze-
gießers einzuschätzen. So rechnete er die maximale Tagesproduktion eines Zweierteams – 18 Sicheln und 54 Pfeilspitzen – hoch auf den Bedarf einer Siedlung. Mit einer Woche
intensiver Arbeit war es vielleicht schon getan. Nicht eingeschlossen sind dabei die mühsamen Vorbereitungen, wie die
Beschaffung des Rohmaterials, die Konstruktion der Öfen,
die Herstellung der Tiegel und Gußformen. Und die Arbeiten, die nach dem Guß notwendig sind, wie das Schleifen,
Schärfen, Treiben, die Anpassung eines Griffs und die ständig anfallenden Reparaturen. All diese Tätigkeiten nehmen
Monate in Anspruch. Betrachtet man die Bevölkerungs-
dichte der Ufersiedlungen am Zürichsee, so kann der Bron-
zegießer nicht ausgelastet gewesen sein. Wanderte er von
einem Dorf zum anderen und bot seine Dienste an? Oder
ging er mit seinen Fertigprodukten hausieren?

Wie Zauber mag es auch dem Gletschermann zunächst er-
schienen sein, daß hartes Metall flüssig wird und dann in
einer beliebigen Form erstarrt. Zeuge eines solchen Spekta-
kels wurde Ötzi sicherlich, das verraten die Spuren von Arsen in seinen Haaren, wenn er nicht sogar selbst mit Feuer
hantiert und Kupfer verarbeitet hat. Er lebte mitten in dieser
kulturellen Umbruchzeit, als Geräte aus Kupfer noch neu
und begehrt waren und als Prestigeobjekte ihre Besitzer innerhalb der Gemeinschaft auszeichneten.

Wege in den Süden

Auch im Südalpenraum wurden in vorgeschichtlicher Zeit bereits Kupferlagerstätten abgebaut. Riparo Gaban, oberhalb von Trient gelegen, ist eine der wichtigsten Fundstellen in den Alpen. Die viele Meter hohen Ablagerungen von Siedlungsschutt legen Zeugnis davon ab, daß hier Jäger und Sammler schon seit etwa 9000 vor Christus unter dem Felsdach Zuflucht suchten. Zwischen 4500 und 3300 vor Christus allerdings wurde der Platz verlassen. Um 3300 vor Christus war der geschützte Wohnplatz offenbar wieder besiedelt. Es fanden sich sogar Kupferschlacken, die belegen, daß hier Kupfer verhüttet und verarbeitet wurde und zwar etwa zur selben Zeit, als Ötzi etwa hundert Kilometer weiter nördlich in einem Seitental der Etsch lebte. In Riparo Gaban kann man heute in einem abgeschlossenen Grabungsgelände das Schichtenpaket bewundern, in dem Tausende Jahre Siedlungsgeschichte bis in die Bronzezeit hinein gespeichert sind. Das Denkmalamt (Ufficio Beni Archeologici della Provincia Autonoma di Trento) im Castel Buonconsiglio in Trient ist für dieses Grabungsgelände verantwortlich und ermöglicht auch eine Besichtigung der historischen Stätte.

Bisher haben Archäologen vor allem Verhüttungsplätze aus der Bronzezeit entdeckt, wie bei Kurtatsch in der Nähe von Trient. Dort wurden am Hang bei einer Quelle Kupferschlackenhalden, Feuerstellen mit Steineinfassungen, die wohl zu einem Kupferröstplatz gehörten, und zwei Schmelzöfen ausgegraben. In Montesei di Servo bei Pérgine hat man Überreste einer Schmelzgrube und Fragmente von tönernen und steinernen Gußformen aus der Bronzezeit gefunden, Teile von Tondüsen und Reste eines Schmelzofens bei Romagnano-Loc in der Nähe von Trient. Im Val Sugana östlich von Trient untersuchte vor wenigen Jahren Dr. Renato Perini gemeinsam mit Wissenschaftlern des Deutschen Bergbaumuseums Bochum einen weiteren Verhüttungsplatz aus der Bronzezeit.

Zu den bekanntesten Kupferfunden Oberitaliens zählen fünf Dolche, vier Beile, darunter flache und solche mit Randleisten, sowie eine Nadel des Gräberfeldes von Remedello bei Brescia, die bis vor kurzem in die Zeit zwischen 2800 und 2400 vor Christus eingestuft wurden. Neben gelochten Muschelplättchen, die als Schmuck getragen wurden, hat man in den mehr als hundert Gräbern eine silberne Nadel, Klingen und Pfeilspitzen aus Feuerstein geborgen. Einzelne Kupferflachbeile wurden in Lana (Provinz Bozen) und in Kollmann (Gemeinde Barbian) freigelegt.

Die Entdeckung des Gletschermannes und die erstaunlich frühe Datierung brachte das Chronologiegerüst Oberitaliens ins Wanken. Vor allem der Friedhof von Remedello wurde nach neuesten Erkenntnissen kritisch analysiert. Professor Raffaele De Marinis aus Mailand gelangte nun zu einer zeitlichen Einordnung zwischen 3400 und 2800 vor Christus für die erste Phase der Belegung und zwischen 2800 und 2400 für die zweite Phase. Neue C-14-Daten bestätigen diese Datierung.

Auch eine von der Universität Trient durchgeführte Grabung in der Siedlung Isera la Torretta am rechten Ufer der Etsch bei Rovereto war für die Neubewertung der archäologischen Stätten der Region von Bedeutung. Die Ausgräberin, Dr. Annaluisa Pedrotti, stellte fünf verschiedene Siedlungsabfolgen fest, die von 4500 bis etwa 3000 vor Christus reichen. Aufschlußreich ist vor allem das Vorkommen eines Kupferblechs aus der zweitältesten Schicht; dies ist der älteste Kupferfund im Trentino, der aus einer dokumentierten Grabung stammt. In der darüberliegenden, also jüngeren Schicht aus der Zeit zwischen 3800 und 3600 vor Christus fand sich eine Kupferahle.

Von besonderem Interesse sind die nordalpinen Einflüsse,

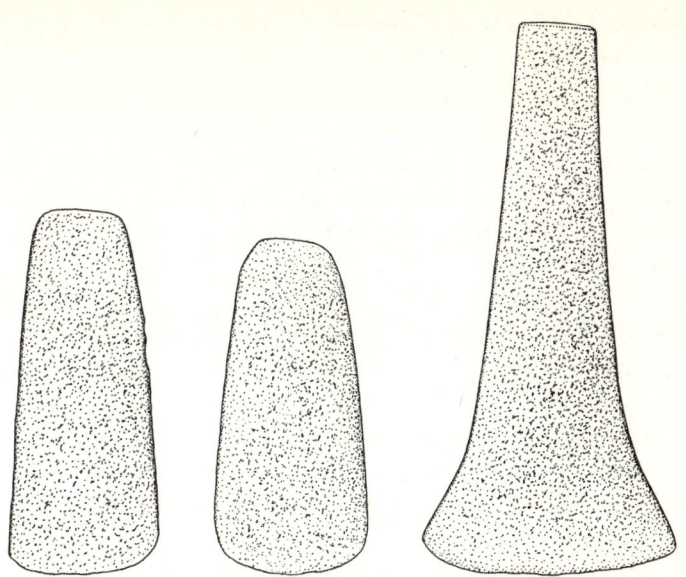

Kupferbeile von Hirzlsteig, Kollmann und Lana (Südtirol)

die hier von 4300 bis 3600 deutlich werden. Da es bisher noch keine Hinweise auf eine eigene Metallproduktion gibt, vermutet die Ausgräberin, die Kupferfunde seien aus dem Norden importiert. In der jüngsten Phase des Dorfes von Isera la Torretta – indirekt datiert zwischen 3310 und 3000 vor Christus – registriert sie bei der Keramik einen Verlust an Dekorationen. Diese Beobachtung bringt sie damit in Verbindung, daß die Menschen mobiler wurden, sei es auf der Suche nach Weideplätzen für die Tiere, sei es auf der Suche nach Erz. Sie legten daher mehr Wert auf unzerbrechliche Gefäße, beispielsweise aus Holz – wie der Gletschermann, der mit seinem Silexdolch, dem Kupferbeil und den beiden Holzgefäßen eine Art »Trendsetter« seiner Epoche war. Vielleicht benutzte er bei seinen Heimatbesuchen unterhalb des Schlosses Juval die sogenannte »White Ware«, eine

161

Keramik, deren charakteristische Verzierung eine Reihe horizontaler Buckel unterhalb des Randes ist.

Kupfergegenstände waren damals sehr wertvoll; in Siedlungen hat man sie daher wohl selten verloren, und wenn sie unbrauchbar geworden waren, hat man sie sicherlich eingeschmolzen. Das erklärt aber noch nicht, warum in den südlichen Ausläufern der Alpen Kupferfunde vergleichsweise selten sind.

Nördlich des Gardasees, auf einer Höhe von 655 Metern, tauchten 1929 am Lago di Ledro beim Absenken des Seespiegels Pfähle eines Dorfes auf, das sich über mehr als 6000 Quadratmeter ausgedehnt hatte. Immerhin wurden auf einer Fläche von 4200 Quadratmetern etwa 10 000 stehende Holzpfosten gezählt, Überreste von vielen nacheinander errichteten Häusern, und noch heute ragen am Seeufer vereinzelt Hölzer heraus; die dazugehörigen Kulturschichten sind vermutlich längst weggespült. Nicht nur senkrecht stehende Hölzer hat man bei den ersten Ausgrabungen entdeckt, sondern auch waagrecht liegende, darunter solche direkt vom Seegrund; ja sogar von einem 36 Quadratmeter großen Bretterboden ist in den alten Grabungsunterlagen die Rede. Er könnte zu einer Hausplattform gehört haben, die einst im See stand.

Leider sind die Originalpläne der ersten Ausgrabungen verschollen, so daß man meist nicht weiß, aus welchen der zahlreichen Kulturschichten die vielen Funde stammen, darunter auch Gegenstände aus Kupfer: zwei Dolche, drei Beile und nadelartige Geräte sowie Ahlen.

Unter den ältesten Gegenständen fallen Hinterlassenschaften auf, die man mit der Zuwanderung eines fremden Volkes, der sogenannten Glockenbecherleute, im 3. Jahrtausend in Verbindung bringt. Die namengebenden glockenförmigen handgeformten Becher aus rotem sandigem Ton mit Stempelverzierungen waren in Spanien, Frankreich, Eng-

Die Überreste des Pfahlbaudorfes am Lago di Ledro

Rekonstruktion eines Pfahlbaus am Lago di Ledro

land, Mitteleuropa und Italien verbreitet. Ob tatsächlich die
Träger dieser Kultur von Südwesten, von der Iberischen
Halbinsel aus, nach Osten vorgedrungen sind und sich mit
den einheimischen Bevölkerungen vermischt haben oder ob
lediglich ihre Kulturformen fast europaweite Verbreitung
fanden, ist unter Wissenschaftlern nach wie vor umstritten.

Die Glockenbecherleute benutzten Armschutzplatten aus
Stein, Horn oder Knochen gegen die zurückschnellende
Sehne beim Bogenschießen (siehe Seite 78), steinerne Pfeilspitzen, durchbohrte Knöpfe aus Knochen, Elfenbein oder
Bernstein, ferner kleine Kupferdolche sowie charakteristische Schmuckstücke aus Kupfer, Silber und Gold. Siedlungen dieser Kultur sind jedoch relativ selten. Ihre Toten setzten sie in Hügel- und Steinkistengräbern bei. Früher wurden
sie für Metallhandwerker und -händler gehalten, die ihre be-

sonderen metallurgischen Kenntnisse mit nach Mitteleuropa gebracht hatten. Doch diese Theorie ist inzwischen widerlegt, seitdem feststeht, daß Kupfer hier schon vor ihrer Ankunft abgebaut und verarbeitet worden ist.

Am Lago di Ledro wurden dreißig Knochenringe gefunden, wie man sie aus vielen Gräbern mit Glockenbechern aus der Mitte des 3. Jahrtausends kennt, beispielsweise in Romagnano-Loc bei Trient. Sie sind möglicherweise Kettenglieder eines Halsschmucks, ebenso wie ein kleiner, 3,3 Zentimeter langer Knebelknopf aus Knochen mit eingeschnürten Enden. Außerdem hat man fünf beinerne Gürtelhaken, vierkantige Knochenplatten, die an der Unterseite in einen Haken auslaufen, entdeckt, die ursprünglich auf Stoff oder Leder aufgenäht waren. Einer ist mit einer Zickzacklinie verziert. Auch sie kommen im Zusammenhang mit Glockenbecherfunden, beispielsweise in Ungarn, Rumänien, Mitteldeutschland bis hinauf zur Ostsee, vor.

Daß die zehn flachen Steinplatten von Ledro, die bis zu 7,5 mal 2,5 Zentimeter groß sind, ursprünglich den Arm vor der zurückschnellenden Bogensehne schützen sollten, belegt ein Grabfund von Halle-Trotha, wo ein ähnliches Stück über

Verschiedene Kupferbeiltypen vom Lago di Ledro

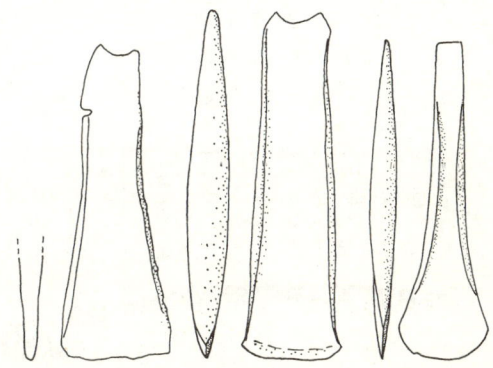

der linken Hand lag. Die Armschutzplatten waren poliert und besitzen in den vier Ecken jeweils ein Loch, vielleicht für ein Lederband, mit dem sie um das Handgelenk gebunden wurden.

Unter den Steingeräten sind zahlreiche Pfeilspitzen und Dolchklingen. Die Farben des Feuersteins reichen von Rot, Gelb, Rosa und Grau bis Schwarz; der rote wurde nicht weit vom Lago di Ledro etwas nördlich bei Padora abgebaut. Die reichen Feuersteinvorkommen im Trentino bei Mollaro im Nonstal, am Monte Baldo östlich des Gardasees und im Val Sugana sind bekannt.

Viele Gegenstände aus Holz ähneln Funden aus neolithischen Ufersiedlungen in der Schweiz. Holzquirle, wie sie auch in Robenhausen entdeckt wurden, hat man möglicherweise bei der Käseherstellung verwendet. Zylindrische Holzgefäße, die vielleicht aus einem Stamm herausgearbeitet wurden, besaßen festgenähte Böden; einst waren sie wohl mit Birkenpech abgedichtet, wie Spuren an einem Unterteil belegen. Auch einfache Holznäpfe mit und ohne Henkel sowie Schalen und Schüsseln waren am Lago di Ledro in Gebrauch.

Gürtelhaken aus Knochen (3. Jahrtausend vor Christus)

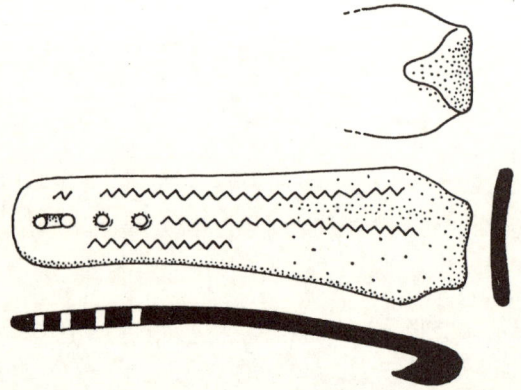

Nicht weit davon entfernt, achtzehn Kilometer nördlich des Gardasees, stieß man in einem Torfmoor bei Fiavé auf ein Dorf, das einst auf einer Insel in einem See lag. Nach den neuesten C-14-Datierungen, die das Denkmalamt in Trient veranlaßte, ergab sich ein erstaunlich hohes Alter für die Anfänge von Fiavé: 3800 bis 3600 vor Christus. Nach allem, was man bisher weiß, errichteten hier die ersten Siedler ihre Häuser auf dem Kies der Insel. Die Siedlung wurde schon in der späten Kupferzeit in das Wasser vorverlegt, indem man als eine Art Fundament Tannenstämme rechtwinklig und parallel zur Uferzone in den Kreideuntergrund bettete. Auf dieser annähernd waagrechten Ebene errichteten die Bauleute über einer festgetretenen Schicht aus Zweigen, Kies und Sand Gebäude, die vermutlich keinen besonders stabilen Untergrund besaßen. Ähnlich wie die früheren Pfahlbaubewohner in der Schweiz isolierten sie die Hausböden mit Haselnußsträuchern und Zweigen von Tannen- und Erlen-

Armschutzplatten aus Stein (3. Jahrtausend vor Christus)

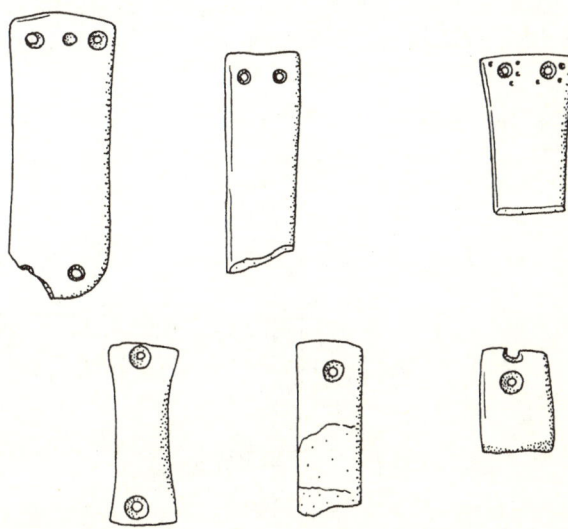

bäumen. Wahrscheinlich haben die ersten Siedler nach einem Ansteigen des Seespiegels das Dorf wieder verlassen.

Die Häuser in den Pfahlbaudörfern Oberitaliens waren sehr selten aus Eichenholz errichtet. Abgesehen davon ist südlich der Alpen mit anderen Wuchsbedingungen der Bäume zu rechnen als in der Schweiz, so daß eine zeitliche Einordnung anhand der Jahresringkurve wahrscheinlich ohnehin nicht möglich ist. Jedenfalls ist es bis heute nicht gelungen, die Dörfer am Lago di Ledro und in Fiavé genauer zu datieren.

Später, zu Beginn der Bronzezeit, also um 2300 vor Christus, bauten die Menschen an den norditalienischen Seen auch Häuser direkt im Wasser, nicht nur entlang der seichten Uferzone. Die Pfähle aus Fichtenholz steckten in Fiavé etwa vier Meter im See und ragten weitere vier Meter über den damaligen Seespiegel hinaus. Ein Absinken im feuchten Untergrund verhinderten Querriegel, die in die senkrechten Pfosten eingelassen waren, welche wiederum auf waagrechten Hölzern im Boden auflagen.

In Fiavé hat man in bronzezeitlichen Kulturschichten zahlreiche gut erhaltene Holzgegenstände geborgen, die Ein-

Quirl vom Lago di Ledro

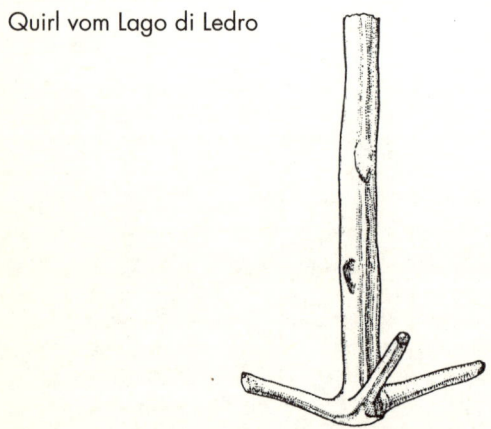

blick in die Fertigkeiten der Holzhandwerker gewähren. Dazu gehört ein in dreizehn Teile zerbrochener Bogen aus dem Holz des Wolligen Schneeballs. Ein 22 Zentimeter hoher Hut mit kleiner Krempe, geflochten aus demselben Material und aus halbierten Tannenzweigen, zählt zu den archäologischen Raritäten. Erwähnenswert ist das Fragment eines hölzernen Doppeljochs, das den Einsatz von Rindern als Zugtiere bei der Feldarbeit belegt.

Wie damals Pflüge ausgesehen haben, zeigt ein Fund in Lavagnone am südlichen Ufer des Gardasees. Er lag mitten in einer Kulturschicht der frühen Bronzezeit, und in einigen Metern Entfernung entdeckte man ein Fragment des dazugehörigen Jochs. Der eigentliche, neunzig Zentimeter lange Pflugkörper, aus dem Stammholz einer Eiche geschnitzt, läuft in einer Spitze aus und konnte vom Bauern mit einem 85 Zentimeter langen Griff, der an seinem hinteren Ende eingesetzt war, gelenkt werden. Der Pflug geht in einem 45-Grad-Winkel in den 2,2 Meter langen Pflugbaum über,

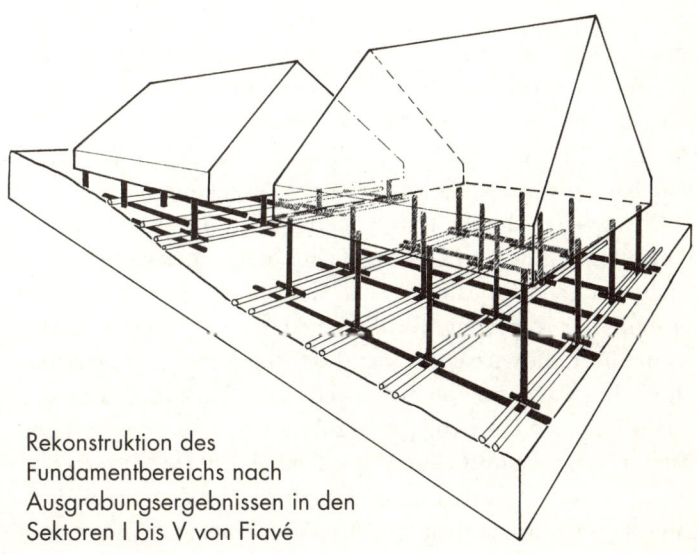

Rekonstruktion des
Fundamentbereichs nach
Ausgrabungsergebnissen in den
Sektoren I bis V von Fiavé

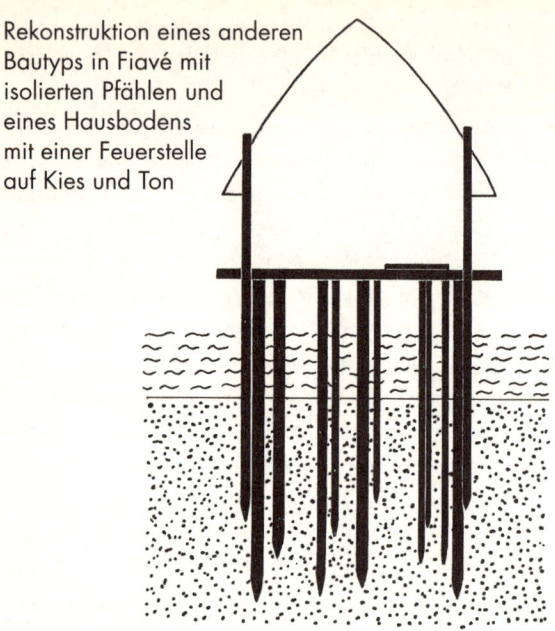

Rekonstruktion eines anderen Bautyps in Fiavé mit isolierten Pfählen und eines Hausbodens mit einer Feuerstelle auf Kies und Ton

der aus dem Ast der Eiche herausgearbeitet wurde. Sein oberes Ende war ursprünglich an einem annähernd gleich langen Stab befestigt, der allerdings verlorengegangen ist. Er hat den Pflug mit dem Doppeljoch verbunden, das einem Paar Rindern aufgelegt wurde. Die Lederriemen, die durch jeweils zwei Schlitze auf beiden Seiten gezogen waren, hängte man um den Hals der Tiere. Möglicherweise haben solche recht kompliziert konstruierten Pflüge den Bauern schon in der Kupferzeit das Bestellen der Felder erleichtert.

Für die Landwirtschaft stand den Bauern von Fiavé nur ein ebenes Gelände von etwa sechs Quadratkilometern zur Verfügung, wo sie neben Getreide auch Erbsen anbauten. Emmer, Einkorn und Gerste wurden hier ab der Mittelbronzezeit, im 2. Jahrtausend vor Christus, nicht mehr in dem Umfang wie vorher ausgesät. An den Hängen vermutet man

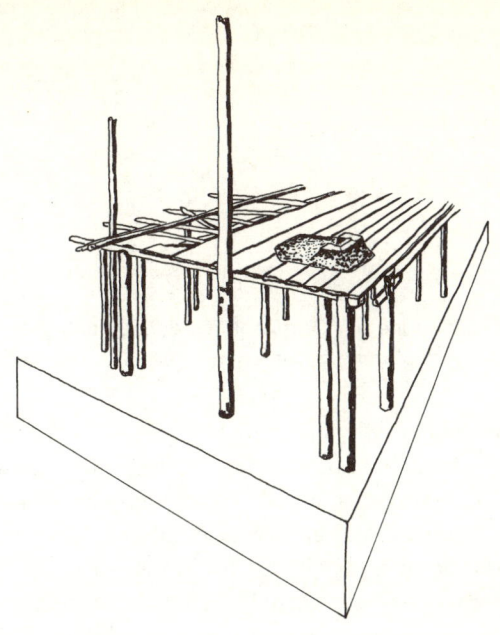

die Weiden für Rinder, Schafe und Ziegen. Viele Rinder wurden jung geschlachtet, wahrscheinlich weil in der kalten, schneereichen Jahreszeit große Herden nicht ausreichend mit Heu versorgt werden konnten.

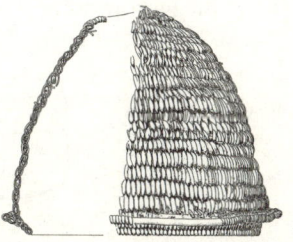

Hut aus dem Holz des Wolligen Schneeballs und aus Tannenzweigen

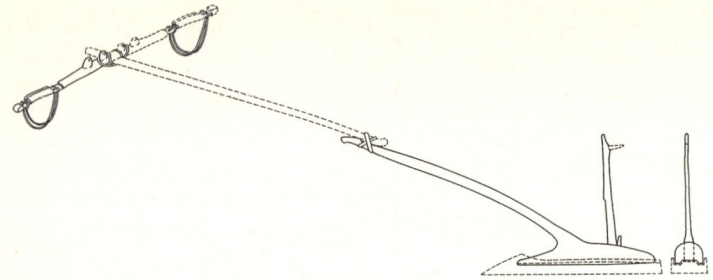

Pflug von Lavagnone am Gardasee mit dem eigentlichen Pflugkörper und dem Pflugbaum, der mit dem Doppeljoch verbunden war

Die Bewohner von Fiavé hielten einst auch Schafe. An ihren Knochen, aber auch an denen von Rindern und Ziegen ist zu erkennen, daß man das Mark gegessen hat, welches das vor allem im Winter wichtige Vitamin C lieferte. Von ihren Streifzügen in den Süden Richtung Gardasee brachten die Menschen damals auch Feigen mit. Besonders beliebt waren die wilden, nicht besonders wohlschmeckenden Kornelkirschen, aber auch Weintrauben, Weißdorn, Brombeeren, Himbeeren, Erdbeeren und Holunder sowie Haselnüsse standen auf ihrem Speisezettel.

Die meisten, teilweise reich verzierten Metallobjekte aus den beiden Pfahlbaudörfern sind aus Bronze. Daß dort auch Metall verarbeitet wurde, bezeugen die Tondüsen von Blasebälgen und Gußtiegel mit verbrannten Unterseiten. Ob die

Tondüse eines Blasebalgs
von einem Verhüttungsofen

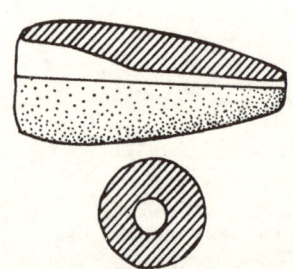

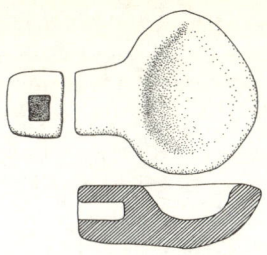

Gußtiegel mit Ansatz für einen Holzschaft vom Lago di Ledro

grünlichen Spuren im Inneren Oxydationsreste von Kupfer oder Bronze sind, konnte nicht festgestellt werden. In einer groben Tonform wurden einfache Beile gegossen.

Kupfergegenstände hat man in Fiavé nicht gefunden, nur Steingeräte belegen diese frühe Siedlungsphase, was aber nicht unbedingt für eine ältere Datierung spricht. Es kann sich auch um eine verspätete Entwicklung in einer entlegenen Gegend handeln; wie überhaupt die bisherige Fundsituation auf eine stark verzögerte Abhängigkeit vom nördlichen Alpenvorland während der Kupferzeit schließen läßt. Kupfergegenstände aus Südosteuropa, wie die Spiralen, die man beispielsweise in Stollhof bei Wien entdeckt hat, scheinen in Oberitalien zu fehlen.

Im vorausgehenden Neolithikum hatten jedoch Beziehungen über das Gebirge hinweg bestanden, denn zahlreiche Keramikgefäße sind aus Südosteuropa nach Oberitalien gelangt. Vielleicht haben sich dann die klimatischen Bedingun-

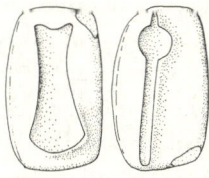

Gußform für ein Beil und für ein nicht bestimmbares Objekt

gen so verschlechtert, daß die Verbindungen über die Alpen erheblich erschwert wurden. Erst ab der Bronzezeit lassen sich wieder engere Kontakte mit Südosteuropa und dem Voralpenland nachweisen, wie die zahlreichen importierten Gegenstände in der Pfahlbausiedlung am Lago di Ledro belegen: unter anderem ein Tonrad, trichterartige Siebgefäße und ein Bronzediadem.

Während der frühen Metallzeit haben wir also im Alpenvorland eine relativ hochstehende Zivilisation vor uns, die in regem Austausch mit dem südosteuropäischen Raum stand und mit einer gewissen Verzögerung von den neuen Errungenschaften erfuhr, die möglicherweise zum Teil durch Kontakte mit den gerade entstehenden Hochkulturen im Fruchtbaren Halbmond initiiert wurden.

Exakte Daten konnten bei neuen Ausgrabungen in Bayern mit Hilfe der Jahresringanalyse ermittelt werden, beispielsweise bei den Überresten der Siedlung, die sich heute bei Kempfenhausen auf dem Grund des Starnberger Sees befinden. Die Hölzer dieser Siedlung wurden im Jahr 3728 vor Christus geschlagen und ermöglichen somit eine zeitliche Verknüpfung mit den Kulturen am Bodensee und in der Schweiz. Silexdolche aus diesen Kulturen hielt man lange für Importe aus dem bekannten Bergbaurevier von Grand-Pressigny in Frankreich.

Dr. Andreas Tillmann vom Bayerischen Landesamt für Denkmalpflege gelang nach intensiven Forschungen eine Neubewertung dieser Fundgruppe, zu der auch ein Dolch aus Ergolding in Niederbayern gehört. Das Rohmaterial des Dolches ist glänzender, gelber Silex, in welchem weiße Mikrofossilien eingeschlossen sind. Vergleichbares Rohmaterial gibt es in Bayern nicht; eine identische Steinqualität ist nur von den Monti Lessini östlich des Gardasees bekannt. Bei Ponte di Veja nördlich von Verona, einem Naturschutzgebiet und wahren Naturparadies, befand sich eine einzigartige Lagerstätte von Feuerstein, der bereits in der Steinzeit abgebaut und in einer Werkstatt verarbeitet wurde. Weitere Steindolche aus Bayern, wie der aus Pestenacker, stammen aus anderem oberitalienischen Rohmaterial. Offenbar wurden sie ab 3600 vor Christus schon als fertige Produkte über die Alpen verhandelt. Oder waren es sogar Gastgeschenke für die Nachbarn im Norden?

Die Funde in Bayern konzentrieren sich an den Flüssen Salzach, Inn und Isar. Auffallend ist das gleichzeitige Auftauchen von neuen, bis dahin unbekannten Pflanzen im Bodenseegebiet und in Oberschwaben. Genau zu diesem Zeitpunkt treten Hartweizen, Sellerie, Dill und Zitronenmelisse nördlich der Alpen auf.

Besonders aufschlußreich ist der damals einsetzende Anbau von Winterlein im Alpenvorland. Bis dahin war nur der Sommerlein verbreitet. Lein wurde als Ölpflanze, aber auch als Faserpflanze genutzt. Professorin Udelgard Körber-Grohne, Pionierin auf dem Gebiet der Paläobotanik, vertritt die Meinung, Winterlein sei direkt aus Italien in den Bereich nördlich der Alpen gelangt. Noch in unserem Jahrhundert wurde im Alpenvorland Winterlein angebaut. Reicht diese Tradition vielleicht sogar bis in die dunklen Jahrtausende zurück, als der Gletschermann lebte?

Die Kontakte über die Alpen hinweg spiegeln sich offensichtlich nicht nur in den Funden von Gerätschaften wider, sondern auch in botanischen Funden, die Indizien für einen Import aus Oberitalien liefern. Hat vielleicht der mutige Gletschermann neuartige Gerätschaften und sogar Pflanzen über die steilen und oft vereisten Alpenpässe in Taschen, Körben oder Gestellen befördert? War er ein solcher Kulturträger im wahrsten Sinne des Wortes? Auch die Tatsache, daß er ein wertvolles Kupferbeil bei sich trug, das – im Gegensatz zu den einfachen, urtümlichen Flachbeilen – die fortschrittlichen gehämmerten Randleisten aufweist, könnte für diese These sprechen. Als Kulturgrenzen überschreitender Händler hätte er die beste Gelegenheit gehabt, im handelsintensiven und technisch entwickelten Norden ein solches Gerät zu erwerben.

Allerdings erlauben die Analysen seiner Haare auch eine andere Interpretation: In den Haaren war nämlich Arsen gespeichert, was ein Indiz dafür ist, daß der Gletschermann in der Kupferverarbeitung tätig war. Demnach gehörte er zu einem Personenkreis, der über die neuen Erkenntnisse der Metallurgie verfügte und es vielleicht auch verstand, sie umzusetzen. Möglicherweise hielt mit ihm der »Fortschritt« in Oberitalien Einzug.

Wie bedeutsam die Handelswege durch die Alpen waren, die – von den französischen Meeralpen und den Ligurischen Alpen bis zu den Gebirgszügen an der östlichen Adria – die Apenninhalbinsel im Norden umschließen, mag man daran ermessen, daß die Küstenschiffahrt damals noch lange nicht so entwickelt gewesen sein dürfte, als daß ein regelmäßiger Kontakt entlang der weitgestreckten zerklüfteten jugoslawischen Küstengebirge möglich gewesen wäre. Anders mag es in Süditalien gewesen sein, wo der Abstand zwischen Otronto und der albanischen Küste nur etwa siebzig Kilometer beträgt.

Geheimnisvolle Bilder – rätselhafte Zeichen

Nach der Eiszeit, zwischen 10 000 bis 8000 vor Christus, sind Jäger und Sammler auch in das enge Tal des Oglio vorgedrungen, ins Val Camonica, vierzig Kilometer nördlich von Brescia, und rund achtzig Kilometer südlich von der Stelle, wo der Gletschermann den Alpenhauptkamm überwinden wollte.

Der Volksstamm der Camunni hat dem Tal den Namen gegeben. Sie wurden 16 vor Christus von römischen Legionen unterworfen. Die Römer haben nach dem Sieg über die 45 Alpenstämme ihrer Macht steinernen Ausdruck verliehen: In La Turbie bei Monaco in den Meeralpen errichteten sie ein imposantes Denkmal, auf dem auch die Camunni erwähnt sind.

Sie waren die letzten, die geheimnisvolle Botschaften in die Felsen der Berge rund um Capo di Ponte einritzten, eine jahrtausendealte Tradition, die sie eifrig pflegten, solange sie unabhängig waren.

Fast zwanzig Jahrhunderte blieb ihre Kunst vergessen, vielleicht, weil man die verborgenen Plätze in den Bergen für heidnische Kultstätten hielt, die in der späteren christlichen Welt keine Beachtung fanden. Das ändert sich erst 1908, als in Cemmo ein Professor die »Pietra di Pitoti«, den Stein des Hampelmannes, mit seltsamen Zeichen zu Gesicht bekam. Er machte den Felsen in einem kleinen Führer als Kuriosität bekannt, denn er hielt die Markierungen für sehr alt. 1930 entdeckte man in nur einigen Metern Entfernung einen weiteren Felsen mit Einritzungen. Das Interesse der Altertumswissenschaftler war geweckt. In der Umgebung von Capo di Ponte kamen in den folgenden Jahren immer mehr Steinzeichnungen mit verschiedenen Darstellungen zum Vorschein.

Doch erst 1956 begann die eigentliche Erforschung der Felsbilder, als Emmanuel Anati überall im Val Camonica verborgene Zeichen aufspürte. Mit Freunden und Künstlern aus Paris hat er die überwucherten und zum Teil von Erdreich bedeckten Felsen auch an entlegenen Stellen freigelegt und rätselhafte Bilder gefunden. 30 000 hat er in den ersten acht Jahren katalogisiert, mehr als 130 000 sind es inzwischen. Ähnliche Felsgravuren sind auf dem Mont Bégo nördlich von Nizza in Höhen von 2300 bis 2500 Metern dargestellt.

Anati hat 1964 ein Institut gegründet, an dem auch Laien an der faszinierenden Erforschung vorgeschichtlicher Felsgravierungen teilnehmen können. So beginnen die Steine allmählich einige ihrer Geheimnisse preiszugeben, die sie über Jahrtausende hinweg bewahrt haben; doch viele Motive, verschlüsselte Botschaften, werden auch in Zukunft schweigen.

An manchen Stellen liegen über älteren Ritzungen jüngere, die es ermöglichten, eine grobe relative Datierung der einzelnen Bildschichten vorzunehmen. Eine genaue zeitliche Einordnung der gepickten und gravierten Felszeichnungen ist aber meist nicht möglich.

Schon vor mehr als 10 000 Jahren haben sich erstmals Menschen hier in den Felsen verewigt, haben ihre täglichen Erfahrungen in den Stein geschlagen. Es sind Szenen von der Jagd und vom Fischfang, vom täglichen Kampf ums Überleben. Wildtiere ihrer Umgebung haben sie im Stein festgehalten, vielleicht um die Götter um Jagdglück zu bitten oder um die Tierseelen zu beschwören, damit die Jagd erfolgreich wird. Auf jeden Fall sind die Bilder Ausdruck ihrer schöpferischen Kraft, ihres Gestaltungswillens und ihrer Phantasie, vielleicht auch ihrer Jenseitsvorstellungen.

Im Neolithikum, ab etwa 5500 vor Christus, änderten sich die Themen. Die neuen Bildmotive stammen aus dem agrarischen Bereich und spiegeln die großen wirtschaftlichen und gesellschaftlichen Veränderungen in der sogenannten neolithischen Revolution wider, als aus Sammlern und Jägern Bauern und Viehzüchter wurden.

Zu den neuen Errungenschaften gehörte der Pflug, mit dem man den Boden leichter bearbeiten und einen höheren landwirtschaftlichen Ertrag erzielen konnte. Auch Rinder werden jetzt dargestellt, stark stilisiert, in der späteren Zeit dann aus zwei verschiedenen Perspektiven: Kopf und Hörner von oben, der Körper von der Seite. Seltsamerweise spielt der Mensch dabei zunächst keine Rolle, erst allmählich erscheint er auf der Bildfläche als das Wesen, das Rinder, Schweine, Schafe und Ziegen domestiziert, Getreide und andere Nahrungsmittel anbaut.

Auffällig viele Hunde sind auf den Felswänden im Val Camonica abgebildet. Man könnte annehmen, daß hier um das erste Haustier des Menschen ein regelrechter Kult getrieben wurde. Auf jeden Fall haben Hunde in dieser Kultur eine bedeutende Rolle gespielt, was sehr anschaulich auch auf dem Felsbild von Foppe di Nadro zum Ausdruck kommt, wo sich ein Mann und mehrere Hunde gegenüberstehen. Ob es eine reale oder eine kultische Szene ist, bleibt umstritten.

Hunde wurden bereits vor 15 000 Jahren domestiziert. Als Haus- und Wachhunde, als Jagd- und Herdenhunde wurden sie bald zu ständigen und unentbehrlichen Begleitern des Menschen. Auf mesolithischen Felsbildern Ostspaniens sind sie als Jagdhelfer des Menschen dargestellt, ebenso auf einem jungsteinzeitlichen Wandfresko im südtürkischen Çatal Hüyük. In vielen Kulturen haben sie als Fleischlieferanten und Opfertiere gedient. Mit der Entwicklung der Viehwirtschaft schließlich wuchs ihnen die Aufgabe des Viehhütens zu. Noch in historischer Zeit treten Hunde als Begleiter von Gottheiten des Waldes und der Jagd auf. Und einiges spricht dafür, daß auch im Val Camonica Hunde kultische Verehrung genossen.

Daneben wurden nach wie vor Wildtiere in die Felswände

geritzt. Auch neue religiöse Vorstellungen scheinen aufgekommen zu sein: Die Sonne wird verehrt und bleibt Jahrtausende als Bildmotiv erhalten. Wie bei vielen archaischen Gesellschaften verkörperte sie auch hier die Quelle des Lebens, des Lichts, ja vielleicht war sie sogar die oberste Gottheit, die Fruchtbarkeit spendete. Einer der Felsen im Val Camonica zeigt sie fast im Zentrum der Komposition als Kreis mit Strahlenkranz, Menschen mit hochgerissenen Armen, sogenannte Adoranten, in anbetender oder verehrender Stellung, vielleicht auch in tanzenden Bewegungen, umringen sie. Daneben liegt ein menschlicher Körper, vielleicht ein Toter. Dann hätten wir hier ein sehr frühes bildliches Zeugnis eines Totenkults vor uns, bei dem möglicherweise auch die eingeritzten Rinder mit einem einfachen Pflug eine Rolle gespielt haben. Vielleicht war es die Frühform einer Vegetationsreligion, bei der der jahreszeitliche Wechsel von Leben und Sterben auch die Idee einer Wiederauferstehung sterbender Götter und schließlich sterbender Menschen hervorgebracht hat. Es wäre denkbar, daß die Adoranten an den Toten appellierten, als Mittler zwischen Menschen und Göttern um eine gute Ernte zu bitten.

Immerhin stellten sich die Menschen nun selbst dar, als Strichmännchen, mit breit gespreizten Beinen und teilweise angedeuteten Füßen, darunter Figuren, die ihre Männlichkeit demonstrierten, und solche, die sich mit einem Punkt zwischen den Beinen als weiblich zu erkennen gaben. Rätselhaft bleiben menschliche Gestalten ohne Geschlechtsmerkmale, mit und ohne Kopf, oft mit großen Händen wiedergegeben: Tote, Seelen, Geister, Dämonen, Zauberer, Magier oder Schamanen?

Eine andere Szene mit zwei liegenden Gestalten wird von manchen als Beerdigungszeremonie gedeutet, auf der linken Seite könnte ein tempelartiges Gebäude abgebildet sein. Acht weibliche Figuren im oberen Bereich scheinen Tänze vorzuführen, vielleicht befinden sie sich in Trance. Erstaunlich ist, daß hier nur Frauen teilnehmen; eventuell sind jedoch Initiationsriten dargestellt, die junge Frauen auf die Aufnahme in die Gesellschaft der Erwachsenen vorbereiteten.

Möglicherweise haben die Menschen damals den Akt des Zeichnens selbst als eine Zeremonie, als eine heilige Handlung, begriffen. Ob sich nur Auserwählte oder eine Dorfgemeinschaft oder der ganze Stamm zu kultischen Handlungen versammelten, wissen wir natürlich nicht. Auf einem Felsbild in Capo di Ponte trägt eine Figur eine Hörnermaske, was sie deutlich von den anderen unterscheidet. Vielleicht haben wir hier einen frühen Priester, einen Medizinmann oder einen Schamanen vor uns. Es können selbstverständlich auch Frauen in dieser Funktion sein. Auf einer anderen Felszeichnung ist jemand mit schmetterlingsähnlichen Flügeln dargestellt.

Hunderte ähnlicher Szenen mit zehn bis 35 Zentimeter großen Figuren bedecken die Bergwände im Val Camonica. Ob man bei den gezeigten Ritualen auch geopfert, gebetet oder gesungen hat, entzieht sich unserer Kenntnis. Jedenfalls setzten sie Akzente im Leben der Menschen, die fest eingebunden waren in den ewig gleichen Kreislauf der Natur. Möglicherweise fanden kultische Handlungen im Frühjahr vor der Aussaat und im Herbst nach der Ernte statt, wobei wahrscheinlich Gebet, Danksagung und Opfer eine Rolle gespielt haben. Auch die wichtigen Einschnitte des Lebens, wie Geburt, Aufnahme in die Welt der Erwachsenen, Hochzeit und Tod, werden in besonderen Zeremonien »geheiligt« worden sein.

Vielleicht haben einzelne die einsame Bergwelt aufgesucht, sich von der Welt zurückgezogen, um sich zu versenken, zu meditieren oder Zwiesprache mit den Göttern zu halten. Zu ihnen wird der Gletschermann aber nicht gezählt werden können, da seine praktische Ausrüstung weniger weltabgewandte Absichten ihres Trägers verrät, als man bei einem Bergasketen, wie wir ihn beispielsweise aus dem Himalaja kennen, vermuten möchte.

Es gibt auch großflächige Darstellungen von Siedlungen, so auf der »Mappe di Bedolina«, auffallende Kompositionen, bis zu fünf Meter breit und drei Meter hoch. Rechteckige, quadratische und runde Felder sind durch gewundene, kurvige Linien verbunden, die vielleicht Wege darstellen sollen. Die Bildfelder sind bevölkert mit Menschen und Tieren und geben möglicherweise die Dörfer mit ihren Äckern und Weiden, den Bezirk einer Familie oder einer Sippe wieder. Auch Häuser sind darauf zu erkennen, manche ähneln Pfahlbauten, andere könnten Speicherbauten mit hohem Sockel sein, die man vermutlich über eine Leiter erreicht hat. Bei einigen Dächern fallen abstehende »Stacheln« auf; man könnte sie als Strohdächer deuten.

Diese Bilder setzen ein für die Zeit erstaunliches Abstraktionsvermögen voraus. Die dreidimensionale Welt wird in eine zweidimensionale umgesetzt, vereinfacht, verkleinert und auf typische Elemente reduziert und bleibt dennoch wiedererkennbar. Man könnte in diesen großen Bilderflächen Frühformen von Katasterplänen sehen.

Zu den faszinierendsten Einritzungen zählt die oben erwähnte »Pietra di Pitoti« mit ihren rätselhaften Zeichnungen, inzwischen von den Forschern »Massi di Cemmo 1« genannt. Der untere mittlere Bereich ist nach der Bearbeitung leider abgefallen. Hier waren verschiedene Künstler am Werk, haben ihre Spuren über älteren hinterlassen, alte Zeichnungen verändert und manche sogar abgeschliffen: Hunde hat man beispielsweise in Ziegen verwandelt.

Über mehrere Generationen hinweg haben sich hier die Menschen an einer bestimmten Fläche immer wieder versucht, die Traditionen der Vorfahren übernommen und verändert: Hirsche mit extrem langen Geweihen, später solche mit kurzen – die älteren wurden ebenfalls teilweise abgeschliffen –, Wildschweine, Gemsen, Steinböcke, Hunde und andere kleinere Tiere sind abgebildet. Dolche, deren Form den Kupferdolchen von Remedello bei Brescia sehr ähnlich ist, überlagern Wildschweine. Sie belegen, daß diese Zeichnungen tatsächlich in der Kupferzeit in den Stein eingeritzt worden sind. Rechts unten ist eine Szene mit Rindern und Pflug zu erkennen.

Jedoch überwiegen nach wie vor die Wildtiere. Daß sie damals noch eine so große Rolle im Bewußtsein der Menschen gespielt haben, ist erstaunlich, denn die Jagd war in der Kupferzeit für die Ernährung nur noch von untergeordneter Bedeutung. Wahrscheinlich verehrte man hier einen Gott der Tiere. Allerdings sind solche großen Tierbilder im Val Camonica selten.

Die Kupferdolche könnten Attribute bestimmter Menschen sein, symbolische Gegenstände, die vielleicht mit der Entdeckung des Metalls und der Einführung der Metallurgie in Verbindung stehen und in besonderen Riten Verwendung gefunden haben. Kupferdolche waren damals sicherlich selten und sehr begehrt; vielleicht hat man sie deshalb so zahlreich dargestellt. Möglicherweise sah man im rotgoldenen Glanz des neuen Werkstoffs eine Verbindung zur Sonne, die immer noch göttliche Verehrung genoß.

Jedenfalls belegen die dargestellten Kupfergegenstände, daß die Bergbewohner nicht isoliert und abgeschieden in ihrem engen Tal lebten, sondern rege Handelskontakte pflegten.

Ähnliche Gravierungen mit vielen Tieren wurden auf dem »Massi di Cemmo 2« genannten Felsbild entdeckt; hier steht die Sonne im Zentrum der Komposition, neben Kupferdolchen ist auch ein Beil mit einer Metallklinge dargestellt. Eine neue Errungenschaft, der Wagen, der aus dem Zweistromland über Südeuropa nach Westen gelangt war, ist hier als vierrädriges Gespann mit Rindern verewigt.

Vergleichbare Einritzungen findet man auf den sogenannten Stelen, also freistehenden Steinblöcken, die vereinzelt

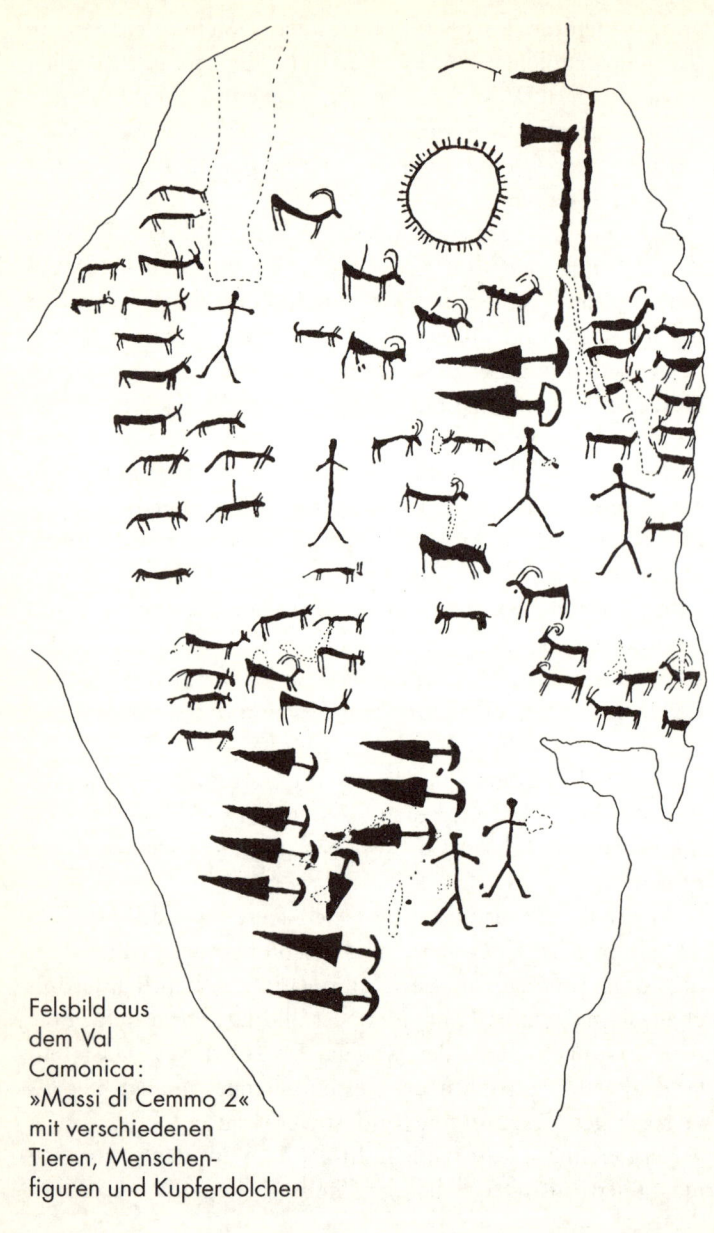

Felsbild aus
dem Val
Camonica:
»Massi di Cemmo 2«
mit verschiedenen
Tieren, Menschen-
figuren und Kupferdolchen

Stele von Bagnolo II, Val Camonica, mit Sonnenmotiv, Spiralen,
Beilen, Dolchen und einem Bauern hinter seinem Pflug

immer wieder zum Vorschein kommen. Auch im Val Camonica wurde bei Bagnolo eine 1,30 Meter hohe und 0,80 Meter breite Stele entdeckt. An ihrem oberen Ende ist ein Kreis zu sehen, der von manchen als Sonne, von anderen als Gesicht interpretiert wird. Darunter ist ein Gehänge mit einem Paar Spiralen eingeritzt, die an den typischen Schmuck der Kupferzeit erinnern, von einigen aber als Brüste interpretiert werden. Zwei große Beile, ähnlich dem des Gletschermannes, und zwei Dolche sind seitlich daneben eingraviert, kleinere Tiere umrahmen das Ganze. Mittelpunkt des Steins ist eine Szene mit einem Bauern, der hinter seinem Rindergespann mit Pflug herläuft. Vielleicht spielte diese Stele in einem Fruchtbarkeitskult eine Rolle. Manche glauben, daß hier eine Muttergottheit verehrt wurde, deren Kult wiederum Beziehungen zu dem der Vegetationsgötter gehabt haben muß.

Die überaus zahlreichen Ritzzeichnungen des Val Camonica, insbesondere im Nationalpark (Parco Nazionale delle Incisioni Rupestri) bei Capo di Ponte, sind voller Einzelheiten, genauer Beschreibungen, Besonderheiten und Merkwürdigkeiten. Es ist, als hätten die Menschen dieser Gegend über Jahrtausende hinweg vieles auf Stein festgehalten, was sie gesehen, erfahren und was sie bewegt hat. Geradezu manisch besessen, alles optisch für die Ewigkeit zu überliefern, haben sie ein riesiges Bilderbuch einer vergangenen Welt geschaffen, so daß man meinen könnte, hier erführe man nun endlich einmal Erschöpfendes über eine jahrtausendealte Kultur. Doch je länger man in diesem Bilderbuch blättert, um so mehr entschwindet sie in rätselhafter Ferne. Man sieht Lebewesen und mancherlei Dinge in großer Zahl vor sich und weiß doch viel zu wenig über ihre Funktion und Bedeutung.

Ähnliche Stelen wie im Val Camonica hat man im Aostatal, in Südtirol, im Veltlin, aber auch im Wallis in der Schweiz gefunden. Sie waren einerseits Bestandteile eines

Götterkults, andererseits wurden sie aber auch bei der Errichtung großer Kammergräber aufgestellt, spielten also beim Totenkult eine Rolle.

Die frühesten datierbaren Megalithbauten, aus großen Steinen errichtete Denkmäler, stammen aus der ersten Hälfte des 5. Jahrtausends und wurden an der Atlantikküste aufgerichtet. Sie sind rund 2000 Jahre älter als die ägyptischen Pyramiden. Dieser Brauch, große Steine für Kultstätten und Grabanlagen aufzustellen, hat sich vom Westen aus allmählich auch in die Schweiz und nach Oberitalien ausgebreitet.

In Sion (Sitten) in der Schweiz wurde ein Megalithgrab ausgegraben, an dessen Front zwei menschenähnliche Stelen standen. Auf einem ist unterhalb eines Gürtels ein Kupferdolch zu erkennen, der denen von Remedello ähnelt und wohl auf intensive Kontakte zu Oberitalien schließen läßt.

Monumentale Grabanlagen waren in Oberitalien durchschnittlich 1,80 mal 2,70 Meter bis 2,20 mal drei Meter groß, von einem Erdhügel bedeckt und von einem niedrigen Steinkreis eingefaßt.

Am Westrand von Aosta in der Nähe der Kirche Saint Martin de Corléans wurde ein einzigartiger Kultplatz mit Grablegen entdeckt. Die Anfänge des Platzes gehen zurück in die Zeit von 3850 bis 3500 vor Christus, als hier in Nordost-Südwest-Richtung Holzpfosten standen, bei denen es sich vielleicht, wie der Ausgräber Franco Mezzena vermutet, um stilisierte menschliche Figuren handelte. Später wurde eine Art heiliger Bezirk eingerichtet, dessen Größe sich anhand von Pflugspuren rekonstruieren läßt. In diese Pflugrillen wurden menschliche Zähne gestreut – wie Samen bei der Aussaat. War es ein Ritual, vielleicht eine Fruchtbarkeitszeremonie, die den Boden weihen sollte? Diese geheimnisvollen kultischen Aktivitäten fanden zwischen 3250 und 2900 vor Christus statt. Stelen in Menschenform wurden in zwei Reihen errichtet, wobei die eine davon der alten Nordost-Südwest-Richtung folgte und sich demnach auf die Tradition des heiligen Platzes bezog. In Gruben von zwei Metern Tiefe, die parallel dazu ausgehoben wurden, brachten Gläubige Opfergaben von Mühlsteinen und Getreide dar. Insgesamt kamen hier vierzig Stelen zum Vorschein. Die weiteren Forschungen in Aosta versprechen spannend zu werden.

In Felthurns im Eisacktal hat man in der Umgebung von Gräbern das Fragment einer Stele mit Darstellungen eines Bogens ohne Sehne, einer Pfeilspitze, eines Dolches und eines Beils, wahrscheinlich mit einer flachen Klinge, in einem Steinkreis entdeckt, der wie so viele vergleichbare Denkmäler, beispielsweise die Großgräber von Gratsch bei Meran und Kaltern aus dieser Zeit, nur bruchstückhaft erhalten ist.

Auf dem Stein von Tötschling bei Brixen sind neben drei Dolchen auch ebenso viele Beile über einem eingeritzten Gürtel dargestellt. Zu den bedeutendsten Stelen gehören die vier im Weinberg bei Algund in der Nähe von Meran entdeckten Steine, von denen nur noch zwei an ihrer ursprünglichen Stelle am Hang mit den Gravierungen Richtung Sonnenaufgang standen, während die beiden anderen wahrscheinlich von einer Mure mitgerissen und daher weiter unten an der Böschung geborgen wurden. Auf einem der Marmorblöcke sind weibliche Brüste und auf den anderen Gürtel, Beile, Dolche und ein vierrädriger Wagen mit Gespann zu erkennen.

Immer wieder ergänzen Neufunde die bislang sehr dürftigen Kenntnisse über Relikte aus längst vergangenen Epochen. Dies gilt auch für die von Professor Hans Nothdurfter in der Kirche in Latsch im Vintschgau entdeckte Stele, die im Altar eingemauert war. Eine menschliche Figur mit Pfeil und Bogen ist hier abgebildet, eingerahmt von Beilen.

In Arco nördlich des Gardasees wurden 1989 und 1990 sechs solcher Stelen gefunden, die Menschen darstellen. Eine männliche Figur ist durch Waffen gekennzeichnet: Remedello-Dolche, Beile mit Holzgriff, Stabdolche mit Mittelrippe und ein wellenartiger Gürtel. Ein Teil der Steine besteht aus

Eine der vier Stelen von Algund bei Meran mit Beilen, Dolchen und einem vierrädrigen Wagen mit Gespann (nach Battaglia)

Marmor, der nicht in der Gegend des Gardasees vorkommt. Man hat die Statuen mit einem Gewicht von bis zu sieben Zentnern offensichtlich aus dem Vintschgau – wo Marmor heute noch gebrochen wird – etschabwärts transportiert.

Die Stelen wurden von den Künstlern der Kupferzeit als Rundplastiken geschaffen, sie sind damit zugleich stumme Zeugen der Kleidung dieser Zeit: Es sind nämlich Details eingemeißelt, die Informationen über die damalige Festtagstracht liefern. Auf dem Rücken der Figuren ist oft ein Umhang dargestellt. Dieser ist in Südtirol meist mit einem senkrechten Streifenmotiv dekoriert, das Assoziationen an den Fellumhang des Gletschermannes hervorruft, im Trentino hingegen mit einem Schachbrettmuster versehen. Diese Dekorationen erinnern an Textilien von Pfahlbauten aus der Schweiz und Italien.

Bei den weiblichen Figuren, so die Forscherin Dr. Annaluisa Pedrotti, scheint ein dünnes, großzügig drapiertes Gewand die Brüste zu verdecken. Sollte es eine Art Schleier darstellen? Der auf der Stele Arco 4 abgebildete Stoff ist von einer Reihe kleiner Grübchen umsäumt, die vielleicht Plättchen aus Perlmutt wiedergeben sollen, wie sie in einem Grab der Nekropole von Remedello geborgen wurden. Offensichtlich nähte man damals solche Plättchen auf einen leinenähnlichen Stoff, mit dem man die Tote bedeckte. Aufwendig war der Kopfschmuck dieser Dame, der sich aus einem Stirnband aus Stoff oder Leder zusammensetzte – mit Streifen aus Kupfer oder Perlmutt verziert – und eine Art Kopftuch fixierte, das wiederum mit kleinen Anhängern aus Kupfer oder Muscheln dekoriert war. Es muß einmal eine prachtvolle Festtagstracht gewesen sein, die die Frau noch über den Tod hinaus als Angehörige der Führungsschicht ausweist.

Schenkt man den Darstellungen auf den Statuen Glauben, so geizten auch Männer nicht mit Schmuck: Eine Perlenkette ist auf der Stele Arco 1 wiedergegeben. Offensichtlich spielten Gürtel bei der männlichen Kleidung eine große Rolle. Waren sie aus Lederstreifen oder Pflanzenfasern hergestellt? Dr. Annaluisa Pedrotti hat bei der Erforschung der Stelen von Arco die Darstellung kleiner Spiralen oder Röhrchen aus Kupfer ausgemacht, wie sie in ähnlicher Weise in Gräbern der Bronzezeit im Trentino vorkommen, wo sie auf dem Gürtel montiert waren.

Welch großen Wert legten die Menschen in der Kupferzeit auf die minuziöse Darstellung ihrer aufwendig geschmückten Garderobe und der verschiedenen Waffen! Hier spiegeln sich offensichtlich auch die Traditionen der führenden »Gesellschaftsschicht« wider; Kleidung war ebenso wie Waffen ein Statussymbol. Wer sich so repräsentative Kleider und so wertvolle Waffen aus Kupfer leisten konnte, mußte eine wichtige Rolle innerhalb eines Dorfes gespielt haben. Sind die Stelen in diesem Kontext als Monumente von Familien zu interpretieren, die bei der Metallverarbeitung mächtig geworden sind? Solange solche Statuen vorwiegend zufällig auftauchen, in verlagertem Zustand oder in Kirchen verbaut, und nicht in ihrer ursprünglichen Umgebung, werden sie uns wenig über ihre einstige Bedeutung verraten können. Eine der wenigen Ausnahmen ist die Ausgrabungsstätte von Aosta, die auch für die Datierung wichtige Anhaltspunkte liefern wird.

Wurden die geheimnisvollen Menschen in Stein im Rahmen des Ahnenkults verehrt? Waren sie Wächter der Gräber oder göttliche Helden? Vielleicht stellten sie berühmte Vorfahren dar, um die sich Mythen rankten und denen schließlich mit der Errichtung von Stelen ein Denkmal gesetzt wurde? Ähnliche Statuen mit stilisierten Menschendarstellungen sind vom Schwarzen Meer bis zum Atlantik, von Sardinien bis nach Deutschland verbreitet. Sie dokumentieren einheitliche Glaubensvorstellungen, deren Inhalte sich uns nicht mehr erschließen. Nach Auffassung von Pedrotti sind die Stelen möglicherweise jünger als der Gletschermann und zeitgleich mit der zweiten Phase der Remedello-Kultur, die jetzt zwischen 2800 und 2400 vor Christus datiert wird.

Alle diese Funde belegen, daß sich vorgeschichtliche Kulturen in der Nähe des Alpenhauptkammes vor allem in jenen Tälern ausgebreitet haben, die zu Pässen führen. So wird die Bedeutung des Handels mit dem Norden sichtbar, denn über die Pässe führten die Wege ins Voralpenland, von wo in der Kupferzeit offensichtlich die begehrten Gegenstände aus Metall kamen.

Vom Vintschgau gab es sehr gute Verbindungen zum Val Camonica, wie man aus ähnlichen bildlichen Darstellungen in beiden Gegenden schließen kann. Die Route dürfte über Meran und Bozen in südwestlicher Richtung über den Lago di S. Giustina durch das Noce- und Ogliotal geführt haben.

Es ist also nicht ausgeschlossen, daß der Gletschermann die ganze Region gut kannte, die er möglicherweise mit Kupferwaren versorgt hat, wenn er denn am Alpenfernhandel mit dem Norden beteiligt war.

Tod bei der Rast

Es spricht einiges dafür, daß der Gletschermann vom Schnalstal im Süden aufgestiegen ist. Es war Juni, und vielleicht herrschte ähnlich schönes Wetter wie an jenem fernen Tag, an dem er rund 5000 Jahre später im Eis entdeckt werden sollte.

Im Tal hatte er mit seinem modernen Kupferbeil Eibenholz geschlagen, um sich daraus einen Bogen zu schnitzen. Auch seine Pfeile waren erst zum geringeren Teil fertig. Daraus kann man schließen, daß er noch nicht lange unterwegs war. Mit den Schußwaffen wollte er Bergwild erlegen, entweder um sich selbst zu verköstigen oder weil er das Fleisch für seine Familie im Tal oder zum Tauschhandel im Schnals- oder im Ötztal brauchte.

Bisher weist nichts darauf hin, daß er mit einer Herde unterwegs oder auf der Suche nach Kupfererz war, einem Metall, das in dieser frühen Zeit schon ausgezeichnet zu Werkzeug, Waffen und Schmuck verarbeitet werden konnte.

Nach dem steilen Aufstieg durchs Tisental hatte er eine Höhe von rund 3200 Metern erreicht. Er war erschöpft und hungrig. Deswegen suchte er eine geschützte Felsmulde auf, lehnte den halbfertigen Bogen, den Köcher mit vierzehn Pfeilen und seine Trage ordentlich an den Rand und bereitete sich eine Mahlzeit. Er briet ein Stück Fleisch, das er neben anderen Nahrungsmitteln, darunter Getreidekörner, von dort mitgenommen hatte, wo er aufgebrochen war.

Da er ein wertvolles und zu dieser Zeit wahrscheinlich sehr seltenes Kupferbeil besaß, das zugleich als Werkzeug und Waffe diente, kann man annehmen, daß er kein einfacher Mann, etwa ein mittelloser Hirte oder ein Bauer war, der den Speisezettel seiner Familie mit Bergwild, Gemsen oder Steinböcken aufbessern wollte. Er muß vielmehr für die

Verhältnisse der damaligen Zeit ein vermögender Mann gewesen sein, der seinen Unterhalt nicht durch bodenständige Arbeit verdiente. Es liegt nahe, dabei an den florierenden Kupferhandel zwischen nördlichen und südlichen Alpentälern zu denken. Doch Kupferwaren, die er ins Ötztal hätte bringen wollen, fand man nicht bei ihm. Das Kupferbeil, das zu seiner Ausrüstung gehörte, hätte er sicher nicht veräußern wollen.

Oder er war ein spezialisierter Jäger, möglicherweise tage- oder wochenlang unterwegs, um beispielsweise den scheuen Braunbären aufzuspüren, der noch heute in freier Wildbahn im Val di Génova lebt, einer wilden Tallandschaft, vom berühmten Val Camonica mit seinen gleichzeitigen rätselhaften Felsgravuren durch das vergletscherte Adamellohochgebirge getrennt. Der dämmerungs- und nachtaktive Alpenbär ist mit seinen 1,7 Metern Länge die kleinste Unterart der damals über ganz Eurasien verbreiteten Raubtiere. Das sehr scheue Tier greift aber in der Regel weder Menschen noch Weidetiere an.

Offenbar war der Gletschermann allein. Andernfalls hätte sein Begleiter dessen Besitztümer, insbesondere das Beil, mitgenommen, es sei denn, dies hätte ihn später dem Verdacht ausgesetzt, am Tod des Gletschermannes schuldig zu sein. Doch dann hätte er es dennoch nicht achtlos liegengelassen, sondern irgendwo versteckt, um es später, wenn Gras über die Sache gewachsen war, zu bergen. Dieser Umstand spricht auch gegen die Annahme, der Gletschermann sei an einer kriegerischen Unternehmung beteiligt gewesen.

Wahrscheinlich hatte der sehr gut ausgerüstete Gletschermann seinen Aufstieg an einem schönen Junitag morgens oder am Vormittag begonnen, war durch die Wälder gestreift, hatte sich mit Bogenholz versorgt, möglicherweise Schlingen gelegt – es wurden Schnüre gefunden, die dazu verwendet werden konnten –, um bei seiner Rückkehr darin gefangenes Kleinwild mit ins Tal zu nehmen oder bei längerem Aufenthalt im Gebirge für Fleischnachschub zu sorgen.

Es sieht so aus, als habe der Mann den Weg über den Alpenhauptkamm gut gekannt, denn er ging über den oberen Niederjochferner, dessen Passage weit weniger durch Schneewehen gefährdet ist als der Übergang beim Niederjoch, in dessen Nähe heute die Similaunhütte steht.

Bislang konnten keine Spuren von Gewalteinwirkung festgestellt werden. Da der Mann zwar schon in die Jahre gekommen war, jedoch bestens für das Hochgebirge ausgerüstet und, was man zwingend annehmen muß, bergerfahren war, kann ihn nur ein Wetterumsturz zum Verweilen in der relativ geschützten Felsrinne veranlaßt haben. Schneefall oder Nebel haben ihn vielleicht orientierungslos werden lassen. Ist also der Gletschermann aus Erschöpfung eingeschlafen, nachdem er gegessen hatte? Hat ihn im Schlaf ein Wettersturz überrascht, was dazu führte, daß er, ohnehin bereits unterkühlt, im Schlaf erfroren ist? Vielleicht haben ihn die gebrochenen Rippen auf der rechten Seite dazu veranlaßt, sich auf die linke Seite zu legen. Jedenfalls schlief er in dieser Position ein. Schon nach wenigen Stunden dürfte er erfroren gewesen sein. In einer Nacht können bis zu zwei Meter Schnee fallen, aber schon weniger hätte genügt, um den Gletschermann vor Raubvögeln zu verbergen. Die Schneeschicht blieb luftdurchlässig, und es kam zu einer Gefriertrocknung der Mumie. Der Körper wurde durch den Druck und die Gleitbewegungen des Eises um etwa neunzig Grad von der Seitenlage in die Bauchlage gedreht, was zu der unnatürlichen Armhaltung und den Kompressionen im Gesichtsbereich führte.

Auch wenn der Fund für die frühe Zivilisation in Mitteleuropa, insbesondere im Alpenraum, sehr aufschlußreich ist, so kann die Todesursache des Gletschermannes nicht eindeutig geklärt werden. Man kann lediglich eingrenzen, was er wohl in rund 3200 Meter Höhe an dieser abgelegenen

Stelle gemacht hat. Vielleicht wäre man mittlerweile etwas klüger, wenn der Mann mit seiner für die Erforschung der Vorgeschichte Europas unschätzbar wertvollen Ausrüstung nicht unter Umständen geborgen worden wäre, die auf eine Verkettung unglücklicher Umstände zurückzuführen sind.

Ein Skandal?

Die Entdeckung des »Jahrhundertfundes« ist einem großen Zufall zu verdanken. Hätte das Nürnberger Ehepaar Simon den üblichen Weg genommen, wäre der Gletschermann vielleicht nie gefunden worden. Doch Tauwetter hatte einen Schmelzwassertümpel entstehen lassen, dem die beiden Bergwanderer ausweichen mußten, und so näherten sie sich abseits begangener Wege dem Gletschermann, dessen Kopf dasselbe Tauwetter gerade freigelegt hatte. Die jahrtausendealte Mumie wäre wahrscheinlich nach wenigen Tagen wieder im Eis verschwunden, vielleicht für weitere Jahrtausende. Denn es gab Neuschnee.

Zwar waren schon den ersten Besuchern der Fundstelle eigenartige Gegenstände in der Umgebung des Toten aufgefallen, doch erst Reinhold Messner hat geahnt und auch ausgesprochen, daß es sich nicht um einen Verunglückten aus dem letzten Jahrhundert handeln konnte. Als er und seine Begleitung die Beinkleider durch das Schmelzwasser schimmern sahen, haben sie den Toten dennoch bis zu den Oberschenkeln freigepickelt und vielleicht dabei bereits die linke Hüfte verletzt. Ja, sogar Streifen der Wadenumwicklung hat einer von ihnen abgezupft. Es soll ein Foto existieren, auf dem zu sehen ist, wie sich ein Begleiter Messners auf die Holzstäbe der Rückentrage stützt. Und Frau Haid hätte gerade als Gattin eines Volkskundlers wissen müssen, daß man nichts an der Stelle eines offensichtlich historisch ungewöhnlichen Fundes verändern oder gar entfernen darf; immerhin hatte ja Reinhold Messner die Vermutung ausgesprochen, die Leiche könne aus dem Mittelalter stammen, wenn sie nicht noch viel älter sei. Daß sie aber Teile des Birkenrindengefäßes erst zwei Monate später den Wissenschaftlern ausgehändigt hat, nachdem längst in einem Medienrummel sondergleichen bekannt geworden war, um welchen sensationellen Fund es sich handelt, läßt sich mit bloßer Ignoranz nicht mehr erklären.

Unbewacht blieb das eisige Grab auch die nächsten Tage, so daß sich neugierige Touristen ebenfalls hätten bedienen können. Zwar hatten Vater und Sohn Pirpamer die Fundstelle mit einer Plane und den Toten mit Eis bedeckt, doch das hätte sicherlich keinen »Grabräuber« abgehalten.

In der Tat haben Südtiroler Carabinieri die Fundstelle geplündert: Sie ließen einige Reste der Fellkleidung mitgehen. Obwohl sie von Professor Spindler über die möglichen konservatorischen Konsequenzen aufgeklärt wurden, rückten sie die Stücke zunächst nicht heraus, mit dem Argument, es liege keine Ausfuhrerlaubnis aus Rom vor. Erst nach Wochen sind sie im Römisch-Germanischen Zentralmuseum eingetroffen.

Reinhold Messner ist es zu verdanken, daß die Presse frühzeitig informiert wurde. Bereits in der nächsten Sonntagsausgabe einer Südtiroler Zeitung erschien ein Bericht mit einer Zeichnung, auf der ein Mann mit zotteliger Kleidung eine Axt in der Hand hält. Leider haben davon offenbar Archäologen in Südtirol keine Notiz genommen, so daß dort keine wissenschaftliche Bergung in die Wege geleitet wurde.

Hellhörig war dagegen der Redakteur Rainer Hölzl vom Österreichischen Fernsehen im Studio Innsbruck geworden, dessen Kollege vom Hörfunk am Sonntag über die Polizei von dem Fund erfahren hatte und bei seinen Recherchen auch mit Hüttenwirt Markus Pirpamer sprach, der meinte, die Gletscherleiche sei etwa 150 Jahre alt. Hölzl charterte einen Hubschrauber und ließ sich mit seinem Team zum Hauslabjoch fliegen, um auf die angekündigte offizielle Bergung zu warten. Begleitet wurde er von Max Scherer, dem Pressefotografen der Wiener Kronen-Zeitung, dessen Bilder um die Welt gingen. Insgesamt sechs Personen fanden in dem

Helikopter Platz, der etwas stärker war als der des Innenministeriums, in dem Professor Henn hinaufflog.

Professor Spindler erfuhr erst am Montagmorgen beim Frühstück aus einer Nordtiroler Zeitung von dem »bedeutenden archäologischen Fund«. Als er wenig später in seinem Institut eintraf, erkundigte er sich bei dem Gerichtsmediziner Rainer Henn, der aber nur von der bevorstehenden Bergung irgendeiner Gletscherleiche wußte und die Zeitungsberichte noch nicht kannte.

Da sein Institut auch eine Abteilung für Mittelalterliche und Neuzeitliche Archäologie hat, eine Fachrichtung, die es nicht an allen vor- und frühgeschichtlichen Lehrstühlen gibt, war Spindler natürlich besonders interessiert an dem vermeintlichen mittelalterlichen oder vielleicht noch älteren Fund. Da angeblich – nach Aussage von Rainer Henn auf der Tagung im Juni 1992 in Innsbruck – der Hubschrauber jedoch wegen der dünnen Luft im Hochgebirge nicht voll ausgelastet werden darf, flog Henn nur mit dem Piloten und einem Bergehelfer; Spindler konnte nicht mitkommen. Nicht auszudenken, was die Bergung unter seiner Leitung an wissenschaftlichen Erkenntnissen erbracht hätte! Bestimmt aber hätte sie nicht an diesem Tag, dem 23. September, stattgefunden. Doch so nimmt das Unglück seinen Lauf.

Auf Professor Henn wartet bereits das Fernsehen. Die Kamera läuft, als er mit der Bergung beginnt. Da Henn keine Bergegeräte mit sich führt, muß er sich von Touristen Pickel und wohl auch Skistöcke ausleihen. Es ist offensichtlich für den Gerichtsmediziner ein Routinefall wie jeder andere.

Von Spindler auf die Möglichkeit eines historisch wertvollen Fundes aufmerksam gemacht, hätte ihn die Anwesenheit der Presse stutzig machen müssen. Was ihn dennoch dazu bewegt, den Toten mit Pickel und Skistöcken aus dem Eis zu hacken und zu zerren, bleibt unverständlich. Dabei sind wohl auch die restlichen Fellstücke und ein Schuh im Eis steckengeblieben. Dann schwenkt er die Leiche vor laufender Kamera hin und her, läßt sie fallen, hebt sie an der anderen Seite wieder auf, spricht den Befund ins Mikrophon und läßt den ausgemergelten Körper wieder fallen – ein unwürdiges Schauspiel, das weder Pietät noch wissenschaftliche Rücksicht verrät. Er stochert mit Skistöcken in der Fundstelle herum und zerstört den Fundzusammenhang.

Am Schluß der etwa zwei bis drei Stunden dauernden Bergung findet er das Feuersteinmesser, dessen typisches Aussehen auch Laien an die Jahrtausende zurückliegende Steinzeit erinnert, und äußert »die Idee, es sei ganz alt«. Die Fetzen der vorzeitlichen Bekleidung hat er dann eingepackt und mit ins Tal genommen.

Das vorausgegangene Gespräch mit Professor Spindler, die Mumifizierung der Leiche, die sich dadurch eben nicht als normale Gletscherleiche zu erkennen gab, ja die ganzen Fundumstände hätten Professor Henn eigentlich veranlassen müssen, die Bergung sofort abzubrechen und seinen Kollegen, den Leiter des Instituts für Ur- und Frühgeschichte der Universität Innsbruck, über seine Beobachtungen zu informieren und heranzuziehen.

Spindler hätte sicherlich eine Blockbergung veranlaßt, wie sie bei ähnlich heiklen Fundkomplexen vorgenommen wird. Der Tote wäre dabei mit allem, was er auf dem Leib trug, und vielleicht auch mit weiteren Ausrüstungsgegenständen aus dem Eis gesägt worden. Es ist ein sehr kompliziertes und aufwendiges Verfahren, das aber hier gerechtfertigt gewesen wäre, zumal der Tote schon mehrere Tage wegen schlechter Wetterverhältnisse nicht abtransportiert werden konnte. Der mumifizierte Körper hätte durchaus einen weiteren Tag, bewacht von Gendarmen und isoliert unter einer schützenden Eisschicht, ohne konservatorische Bedenken an Ort und Stelle verbleiben können, um am nächsten Tag unter wissenschaftlichen Bedingungen geborgen zu werden.

Der Eisblock wäre ins Innsbrucker Institut geflogen worden, wo man unter günstigen klimatischen Bedingungen in aller Ruhe und mit großer Sorgfalt die Freilegung und Dokumentation – schriftlich, fotografisch, zeichnerisch – hätte vornehmen können. Von allem Anfang an hätten Spezialisten aus aller Welt die Gelegenheit gehabt, daran teilzunehmen, ihre Kenntnisse einzubringen und Vorschläge zur sachgerechten Behandlung des »Jahrhundertfundes« vorzutragen.

Doch es kam noch besser: Obwohl Henn das Feuersteinmesser gefunden hatte, bestand er darauf, die Leiche nach Vent zu fliegen und nicht direkt ins Gerichtsmedizinische Institut nach Innsbruck, wo die gefrorene Leiche kühl gelagert werden konnte. Als man den Leichnam beim amtlich bestellten Beerdigungsunternehmen in Vent ablieferte – entsprechend der gesetzlichen Vorschrift, die besagt, daß nur Bestattungsinstitute Leichen befördern dürfen –, gab es Schwierigkeiten, die sperrige Mumie so in den Sarg zu plazieren, daß sich der Deckel schließen ließ. Ihr merkwürdig nach rechts abgewinkelter linker Arm mußte wohl erst gebrochen werden, bis sie sich ins schmale Gehäuse fügte.

Am späteren Nachmittag kam das Auto mit dem Toten im Gerichtsmedizinischen Institut in Innsbruck an. Der Leichnam landete auf dem Seziertisch, denn die Gerichtsmediziner bestanden darauf, daß ein Totenschein ausgestellt werden müsse. Dazu aber sollte die Leiche aufgetaut und obduziert werden, um die Todesursache feststellen zu können. Sie erhielt die Nummer 619/91. Danach war der Gletschermann die 619. Leiche des Jahres 1991, die hier auf gerichtliche Anordnung geöffnet werden sollte. Und da man die Identität des Toten nicht kannte, wurde ein Fahndungsfoto angefertigt, das man in den Zeitungen veröffentlichen wollte. Ordnung muß sein.

Doch zur Obduktion kam es nicht. Professor Henn benachrichtigte seinen Kollegen erst am nächsten Tag um acht Uhr und bat ihn zu sich, doch da war die Leiche bei Temperaturen von 27 bis 28 Grad bereits aufgetaut. Als Spindler eine erste Datierung in die frühe Bronzezeit vornahm, wurde der unbekannte Tote – »Delikt: Leichenfund Ötztaler Gletscher« – am 24. September gerichtlich freigegeben.

Daß Henn bereits am Tag zuvor mit Spindler telefoniert hatte, erwähnte er bei seinem Bergungsbericht auf der Tagung der Arbeitsgemeinschaft Alpen im Juni 1992 mit keinem Wort. Im November 1991 hatte er behauptet, er sei vom Team des ORF gedrängt worden, die Bergung schneller vorzunehmen, weil der Bericht an diesem Tag in Sendung gehen sollte.

Man will es nicht glauben, aber es steht außer Frage: In einer Zeit, die seit der Entdeckung Trojas durch Heinrich Schliemann im 19. Jahrhundert, seit der sensationellen Freilegung des Tutanchamun-Grabes im Jahr 1922 und nach äußerst erfolgreichen populären Büchern wie »Götter, Gräber und Gelehrte« (1949) von C. W. Ceram hoch sensibilisiert ist für archäologische und historische Themen, wurde hier die Bergung eines Fundes aus der Verkettung vieler unglücklicher Umstände heraus gründlich vermasselt, dessen wissenschaftliche Auswertung unabsehbare Folgen für unser vorgeschichtliches Verständnis gehabt hätte.

»Heimkehr« nach Bozen

Am 16. Januar 1998 tritt der Gletschermann seine letzte Reise von Innsbruck nach Bozen an. Es ist eine spektakuläre »Überführung«: Die Mumie vom Hauslabjoch wird von einer Sicherheitseskorte begleitet; ein Hubschrauber kontrolliert die Fahrt über den Brenner aus der Luft. Unter strengsten Sicherheitsvorkehrungen erfolgt die »Wachablösung« an der österreichisch-italienischen Grenze. Jetzt schließt sich ein Roboter für Bombenentschärfung dem Konvoi an. Denn einige Österreicher hatten gegen die Auslieferung des von ihnen reklamierten Vorfahren nach Italien protestiert und Drohungen ausgesprochen.

Journalisten aus aller Herren Länder und vor allem die Einheimischen sind zugegen, als der Gletschermann seine letzte Ruhestätte im neu eingerichteten Südtiroler Archäologiemuseum in Bozen bezieht.

Seit Jahren hatte man das Gebäude der alten österreichisch-ungarischen Nationalbank an der Ecke Sparkassenstraße und Museumsstraße für diesen Zweck umgebaut. Auf einer Fläche von 12 000 Quadratmetern ist ein feines Museum entstanden. Auf vier Ebenen werden Exponate präsentiert, die von der Steinzeit bis in die Zeit Karls des Großen um 800 nach Christus reichen. Plastisch spiegeln Modelle die Lebenswelten in den Alpen wider, beispielsweise ein markanter Fels unterhalb des Grödnerjochs (Plan de Frea, Gemeinde Wolkenstein), unter dessen überhängenden Flanken Jäger in der Mittelsteinzeit auf ihren sommerlichen Streifzügen durch das Gebirge Zuflucht suchten. Aus Zweigen flochten sie Wände und bauten daraus einen einfachen Unterschlupf.

Das Herzstück des Museums ist jedoch dem Gletschermann gewidmet. Wie sollte man eine Mumie, die jahrtausendelang im Dunkeln unter Eis verborgen war und seit ihrer Entdeckung nur selten aus ihrem eisigen Tresor entnommen und den Blicken der Wissenschaftler ausgesetzt war, plötzlich im Rampenlicht einem staunenden Publikum zeigen? Erfahrungen auf diesem Gebiet gab es bis jetzt nicht. Konservierung und Präsentation schienen nicht miteinander vereinbar zu sein. Doch schon längst waren Vorkehrungen getroffen worden. Die Mailänder Firmen Syremont und Angelantoni haben ein neues Kühlsystem entwickelt und getestet, eine Weltneuheit. Zwei identische Kühlzellen mit jeweils einem eigenen Kühlaggregat – eine als Ersatz, falls technische Probleme entstehen – garantieren eine konstante Temperatur von minus sechs Grad Celsius und 98 Prozent Luftfeuchtigkeit. Auf allen sechs Seiten, auch in der Tür, sind die Zellen von einer Ummantelung umgeben, in deren Wänden Kühlflüssigkeit zirkuliert. Dieses System verhindert, daß sich auf der Mumie eine Eisschicht bildet. So ruht der Gletschermann unter denselben Bedingungen wie im Eis. Das Beleuchtungsproblem wurde dadurch gelöst, daß dem Kaltlicht in der Zelle alle ultravioletten und infraroten Strahlen durch Spezialfilter entzogen werden.

In der Wand ist ein kleines Guckfenster mit einer thermoisolierten Glasscheibe eingelassen, das nachts verschlossen wird. Der Vorraum soll Assoziationen an eine Grablege wecken und eine pietätvolle Stimmung vermitteln. Dazu trägt auch das gedämpfte Licht bei. In vollklimatisierten Vitrinen liegen die Kleidung und die Ausrüstung des Gletschermannes. Auch die Stelen von Algund bei Meran werden hier präsentiert.

Über den Gletschermann wacht ein international zusammengesetztes Gremium, zu dem ein Teil der Forscher gehört, die sich schon in Innsbruck um die Mumie gekümmert hatten. Hinzugekommen ist Dr. Lorenzo Dal Ri, Direktor des Amtes für Bodendenkmäler in Südtirol, der lange Zeit bescheiden im Hintergrund blieb. Für Untersuchungen steht ein Laborraum zur Verfügung. Um die Mumie nicht mit Keimen zu infizieren, wurde ein sogenannter »Dekontaminierraum« geschaffen. Die gesamte Anlage ist an ein Notstromaggregat angeschlossen und mit diversen Alarmsystemen gekoppelt, die mit der Polizeizentrale verbunden sind. Zusätzlich hütet qualifiziertes Sicherheitspersonal die Gletschermumie rund um die Uhr.

Als die »Überführung« des Gletschermannes angekündigt wurde, gab es Stimmen, die eine Ausstellung anprangerten: Ötzi werde »nackt und bloß der Neugier der Besucher ausgesetzt«. Mit dieser Thematik befaßte sich im Juni 2000 ein internationales Kolloquium von Experten am Südtiroler Landesmuseum, das auch über ein Forschungsinstitut verfügt: »Wenn der Tod zum Ausstellungsthema wird. Ethische und konservatorische Überlegungen zur Präsentation von Toten in Museen.« Hier kamen sowohl Museumsvertreter zu Wort, die seit Jahren in ihren Ausstellungen ägyptische Mumien oder Moorleichen präsentieren, als auch ein Moraltheologe.

Das Südtiroler Archäologiemuseum in Bozen ist innerhalb kurzer Zeit zu einem Publikumsmagneten geworden; bis zu tausend Besucher stürmen täglich die neue »Heimat« des Gletschermannes. (Informationen auch im Internet unter www.iceman.it).

Einblicke in die Epoche des Gletschermannes gewähren auch andere Museen, wie das Castello del Buonconsiglio und das Museum Tridentino di Scienze Naturali, die sich beide in Trient befinden. Zu einem Besuch laden außerdem die Sammlungen in Ledro nördlich des Gardasees, das Museo Civio di Riva del Garda mit den neu entdeckten Stelen und bald das Museo Civico in Rovereto ein.

Eintauchen in das Leben unserer Vorfahren können Geschichtsbegeisterte im »Archeoland – Lupo Azzurro« in Stallavena nördlich von Verona, das im Naturpark der Monti Lessini gelegen ist, wo die Zeitgenossen von Ötzi den begehrten Werkstoff Feuerstein abbauten. Das Archeoland ist von Februar bis November geöffnet (Anmeldung für Gruppen unter den Telefonnummern 0039 – 045 – 8 668 072 oder –565 417).

Inmitten der herrlichen Bergwelt Südtirols in Schnals auf 1400 Meter Höhe entsteht in direktem Blickkontakt zur Fundstelle des Gletschermannes der Archeoparc Schnals, der im Sommer 2001 eröffnet werden soll. Auf einer Fläche von 4400 Quadratmetern entsteht eine Ausstellung, die den Besucher in die Lebenswelten des Gletschermannes entführt. Es ist ein Projekt des Kulturvereins Schnals, das unter anderem mit Mitteln der EU finanziert wird. Im geplanten »Erlebnishaus« werden Klima, Vegetation und Ernährung, aber auch über 6000 Jahre Schafauftrieb und Wanderweidewirtschaft erläutert. Auch experimentelle Archäologie steht hier auf dem Programm. Versuchsfelder mit den alten Getreidesorten Emmer und Einkorn, mit Linsen und Bohnen werden bestellt und mit Beteiligung der Besucher geerntet und zu Speisen verarbeitet. Spielerisch sollen historische Erkenntnisse vermittelt werden, so auch bei der Rekonstruktion von drei Häusern aus der Kupferzeit oder beim Bogenschießen mit nachempfundenem Pfeil und Bogen. Nicht nur Schulklassen oder Familien, sondern auch streßgeplagte Manager sind in die »Camps« und zum »Outdoortraining« eingeladen (Anmeldung möglich unter der Telefonnummer 0039 – 0473 – 677 006).

Wer auf den Spuren des Gletschermannes die Berge erklimmen will, der läßt sich vom Programm diverser Berg- und Gletschertouren zur Fundstelle inspirieren, das der Tourismusverband in Schnals (Telefon: 0039 – 0473 – 679 148) anbietet. Mit dem »Ötzi-Expreß« der Schnalstaler Gletscherbahnen kann man vom Berghotel Grawand (Telefon: 0039 – 0473 – 662 118) zur Gletscherwanderung starten.

Danksagung

Sehr zu Dank verpflichtet bin ich Dr. Markus Egg und Albert Kremer vom Römisch-Germanischen Zentralmuseum in Mainz, die mich bei den Dreharbeiten fürs Fernsehen großzügig unterstützt haben.

Wertvolle Anregungen, Literaturhinweise und kritische Einwände verdanke ich Dr. Michael Bangemann, Dr. Herbert Baumbach, Professor Steffen Berg, Susanne Böning-Weis, Bernd E. Ergert, Dr. Jörg Faßbinder, Dr. Rupert Gebhard, Dr. Paul Gleirscher, Dr. Karlheinz Hemmeter, Dagmar und Dr. Walter Irlinger, Gisela Jakob-Bangemann, Dr. Hans Nothdurfter aus Sterzing, Dr. Ludwig Pauli, Dr. Dorit Reimann, Dr. Peter Schröter, Angelika Wegener-Hüssen, Dr. Markus Weis, Barbara Zach-Obmann und Dr. Werner Zanier.

Mit Informationen über die Entdeckung und die Bergung des Gletschermannes haben freundlicherweise geholfen: Rainer Hölzl, ORF Innsbruck, Dr. Ebba Koller, ORF Wien, Alois und Markus Pirpamer aus Vent, das Ehepaar Erika und Helmut Simon aus Nürnberg und Rechtsanwalt Rudolf Richter aus Regensburg.

Ohne die kontinuierliche Unterstützung von seiten des Denkmalamtes in Trient unter Leitung von Dr. Gianni Ciurletti, von Dr. Renato Perini, Dr. Franco Marzatico und vor allem von Dr. Annaluisa Pedrotti, die mich ständig auf dem neuesten Stand der Forschungen hielt, wären die fortlaufende Berichterstattung und die Neuauflage nicht denkbar.

Klaus Wiendl und Reinhold Gruber vom Bayerischen Fernsehen bin ich sehr zu Dank verpflichtet, weil sie die aktuelle und kritische Berichterstattung unterstützten und sich selbst daran beteiligten. Wie groß das Interesse daran war, das erlebten wir beim Archäologie-Filmfestival in Rovereto, dessen Leiter Professor Dario Di Blasi sich auch für das Thema begeisterte.

Vor allem möchte ich Wolfgang Schuler danken, der die Idee zu diesem Buch hatte und die ersten Auflagen betreute. Bei Frau Annika Krummacher möchte ich mich für die kritische Durchsicht der ergänzten und neuen Kapitel bedanken.

München, im August 2000   *Elli G. Kriesch*

Literaturverzeichnis

Anati, Emmanuel: I Camuni. Mailand 1982.

Bagolini, Bernardino, Paolo Biagi: »Balkan influences in the Neolithic of Northern Italy.« In: Preistoria Alpina 21, 1985.

Bagolini, Bernardo, Annaluisa Pedrotti: »Groupe de Remedello et ceramique à metopes.« In: Atlas du Neolithique Européen. Vol. 2 A. Lüttich 1998.

Barfield, Lawrence, Ebba Koller, Andreas Lippert, Alfred Payrleitner: Der Zeuge aus dem Gletscher. Wien 1992.

Berg, Steffen, Renate Rolle, Henning Seemann: Der Archäologe und der Tod. München 1981.

Bill, Jakob: »Zum derzeitigen Stand der Naßholzkonservierung.« In: Zeitschrift für Schweizer Archäologie und Kunstgeschichte 34, 1979.

Bischofshofen. 5000 Jahre Geschichte und Kultur. Bischofshofen 1984.

Bóna, István: Das Hunnenreich. Stuttgart 1991.

Born, Hermann (Hg.): Archäologische Bronzen – Antike Kunst – Moderne Technik. Staatliche Museen Preußischer Kulturbesitz. Museum für Vor- und Frühgeschichte Berlin 1985.

Braasch, Otto, Rainer Christlein: Das unterirdische Bayern. 7000 Jahre Geschichte und Archäologie im Luftbild. Stuttgart 1982.

Coles, John M., Andrew J. Lawson: European Wetlands in Prehistory. Oxford 1987.

Demetz, Stefan: Südtiroler Archäologiemuseum. Der Kurz-führer. Bozen 1998.

Die ersten Bauern. Katalog Pfahlbauland. 2 Bände. Schweizer Landesmuseum Zürich 1990.

Die Gletschermumie aus der Kupferzeit. Neue Forschungsergebnisse zum Mann aus dem Eis. Veröffentlichungen des Südtiroler Archäologiemuseums 1. Bozen 1999.

Egg, Markus, Konrad Spindler: Die Gletschermumie vom Ende der Steinzeit aus den Ötztaler Alpen. Sonderdruck aus: Jahrbuch des Römisch-Germanischen Zentralmuseums 39, 1992. Mainz 1993.

Evers, Dietrich, Ludwig Pauli: Felsbilder in den Alpen. Ausstellung Stuttgart 1981.

Experimentelle Archäologie in Deutschland. 2 Bände. Oldenburg 1990 und 1991.

Fasnacht, Walter: »Metallurgie.« In: Die Schweiz vom Paläolithikum bis zum frühen Mittelalter: SPM II und III. Basel 1995 und 1998.

Fasnacht, Walter: »Experimentelle Archäologie in der Schweiz.« In: Archäologie der Schweiz 21, 1998.

Fasnacht, Walter: »Experimentelle Rekonstruktion des Gebrauchs von frühbronzezeitlichen Blasdüsen aus der Schweiz: Kupferverhüttung und Bronzeguß.« In: The Beginning of Metallurgy. Der Anschnitt. Beiheft 9, 1999.

Fleckinger, Angelika, Hubert Steiner: Faszination Steinzeit – Der Mann aus dem Eis. Fotobildband mit sensationellen, neuen Bildern des »Mannes aus dem Eis«. Bozen 2000.

5000 Jahre Feuersteinbergbau. Die Suche nach dem Stahl der Steinzeit. Katalog des Deutschen Bergbau-Museums Bochum 1980.

Furger, Alex: So lebten unsere Vorfahren in der Jungstein-zeit. Bern 1983.

Gleirscher, Paul: »Almwirtschaft in der Urgeschichte?« In: Der Schlern 59, 1985.

Gleirscher, Paul: »Vor- und frühgeschichtliche Siedlungs-prozesse im Alpenraum am Beispiel des mittleren und un-teren Eisacktales aus archäologischer Sicht.« In: Sied-lungsforschung Archäologie – Geschichte – Geographie. Bonn 1990.

Herrmann, B., G. Grupe, S. Hummel, H. Piepenbrink, H. Schutkowski: Prähistorische Anthropologie. Berlin 1991.

Höpfel, Frank, Werner Platzer, Konrad Spindler: Der Mann im Eis. Band 1. Bericht über das Internationale Sympo-sium in Innsbruck 1992. Innsbruck 1992.

Hundt, Hans J.: »Donauländische Einflüsse in der frü-hen Bronzezeit Norditaliens.« In: Preistoria Alpina 10, 1974.

Junkelmann, Marcus: Die Reiter Roms. Band 2. Mainz 1991.

Leitner, Walter: Die Urzeit. Geschichte des Landes Tirol. Band 1. Bozen, Innsbruck, Wien 1985.

Lichardus, Jan (Hg.): Die Kupferzeit als historische Epoche. 2 Bände. Symposium Saarbrücken und Otzenhausen 6.–13. 11. 1988. Bonn 1991.

Lippert, Andreas: Reclams Archäologieführer Österreich und Südtirol. Stuttgart 1985.

Lunz, Raimo: Vor- und Frühgeschichte Südtirols mit Aus-blick auf die alpinen Nachbargebiete. Band 1. Steinzeit. Bruneck 1986.

Macht, Herrschaft und Gold. Das Gräberfeld von Varna (Bulgarien) und die Anfänge einer neuen europäischen Zivilisation. Ausstellungskatalog Saarbrücken 1988.

Menschen des frühen Mittelalters im Spiegel der Anthropologie und Medizin. Ausstellung Württembergisches Landesmuseum Stuttgart 1983.

Moesta, Hasso: Erze und Metalle – ihre Kulturgeschichte im Experiment. Berlin, Heidelberg, New York 1986.

Moser, Hans, Werner Platzer, Horst Seidler, Konrad Spindler (Hg.): Der Mann im Eis. Band 2. Wien, New York 1994.

Neugebauer, Johannes-Wolfgang: Österreichs Urzeit. Bärenjäger – Bauern – Bergleute. Wien 1990.

Ori delle Alpi. Katalog zur Ausstellung im Castello del Buonconsiglio. Trient 1997.

Ottaway, Barbara, Christian Strahm: »Die Beziehungen des nordalpinen Raumes und des Karpatenbeckens in der frühen Kupferzeit.« In: Die Frühbronzezeit im Karpatenbecken und in den Nachbargebieten. Internationales Symposium 1977, Budapest – Velem. Budapest 1981.

Pauli, Ludwig: Die Alpen in Frühzeit und Mittelalter. Die archäologischen Entdeckungen einer Kulturlandschaft. München 1980.

Pedrotti, Annaluisa: »Gli elementi d'abbigliamento e d'ornamento nelle statue stele dell'arco alpino.« In: Archäologisches Korrespondenzblatt 13, 1983.

Pedrotti, Annaluisa: »Die kupferzeitlichen Stelenstatuen im Alpenraum«. Vortrag gehalten am 21. 1. 1992 in Wien.

Pedrotti, Annaluisa (Hg.): Le statue stele di Arco. Trient 1995.

Pedrotti, Annaluisa: »Un insediamento d'altura alla Torretta di Isera (Tn).« In: Umberto Tecchiati (Hg.): Archeologia del Comun Comunale Lagarino. Rovereto 1996.

Pedrotti, Annaluisa: »Riparo Gaban (loc. Piazzina di Martignano, Trento).« In: Preistoria e Protostoria Guide Archeologiche 5. Forli 1996.

Pedrotti, Annaluisa: »Steine in Menschengestalt. Kupferzeitliche Statuenstelen in den Südostalpen«. Vortrag gehalten am 4. 9. 1997 in Zürich.

Perini, Renato: Scavi archeologici nella zona palafitticola di Fiavé-Carera. Parte I–III. Servizio Beni Culturali della Provincia Autonoma di Trento. Trient 1984–1994.

Probst, Ernst: Deutschland in der Steinzeit. München 1991.

Rageth, Jürg: »Der Lago di Ledro im Trentino.« In: Berichte der Römisch-Germanischen Kommission 55, 1974.

Rageth, Jürg: »Siedlungsprozeß und Siedlungsstrukturen in der Urgeschichte Graubündens.« In: Siedlungsforschung Archäologie – Geschichte – Geographie. Bonn 1990.

Rentierjäger und frühe Bauern. Steinzeitliche Besiedlung zwischen dem Bodensee und der Schwäbischen Alb. Ausstellung Konstanz 1990.

Riba, Daniel: Les Gravures rupestres du Val Camonica. Paris 1984.

Ruoff, Ulrich: »Die Ufersiedlungen an Zürich- und Greifensee.« In: Helvetia Archeologica 12, 1981.

Schlichtherle, Helmut, Barbara Wahlster: Archäologie in Seen und Mooren. Stuttgart 1986.

Schönfeld, Guntram: »Ein jungsteinzeitliches Dorf im Moor bei Unfriedshausen.« In: Landsberger Geschichtsblätter 95/96, 1996/97.

Schönfeld, Guntram: »Im Tal des Verlorenen Baches: Siedlungen der Jungsteinzeit in feuchten Talauen Bayerns.« In: Pfahlbauten rund um die Alpen 1997. Archäologie in Deutschland. Sonderheft. Stuttgart 1997.

Scholl, Tillmann: Der Mann aus dem Eis. Dokumentation. Spiegel TV 1998.

Shennan, Stephan: »Population, prestige and production: some aspects of the development of copper and bronze metallurgy in prehistoric Europe.« In: Andreas Lippert, Konrad Spindler (Hg.): Festschrift zum 50 jährigen Bestehen des Instituts für Ur- und Frühgeschichte der Leopold-Franzens-Universität Innsbruck. Bonn 1992.

Speck, Josef: »Pfahlbauten: Dichtung und Wahrheit? Ein Querschnitt durch 125 Jahre Forschungsgeschichte.« In: Helvetia Archeologica 12, 1981.

Spindler, Konrad: Der Mann im Eis. München 1995.

Strahm, Christian: »Die Anfänge der Metallurgie in Mitteleuropa.« In: Helvetia Archeologica 25, 1997.

Tillmann, Andreas: »Gastgeschenke aus dem Süden? Zur Frage einer Süd-Nord-Verbindung zwischen Südbayern und Oberitalien im späten Jungneolithikum.«, In: Archäologisches Korrespondenzblatt 23, 1993.

Urban, Otto H.: Wegweiser in die Urgeschichte Österreichs. Wien 1989.

Uslar, Rafael von: Vorgeschichtliche Fundkarten der Alpen. Römisch-Germanische Forschungen 48. Mainz 1991.

Weiner, Jürgen: »Praktische Versuche zur Herstellung und Verwendung von Birkenpech.« In: Archäologisches Korrespondenzblatt 18, 1988.

Wininger, Josef: »Ein Beitrag zur Geschichte des Beils.« In: Helvetia Archeologica 12, 1981.

Wininger, Josef: »Beinerne Doppelspitzen aus dem Bieler See.« In: Jahrbuch der Schweizerischen Gesellschaft für Ur- und Frühgeschichte 75, 1992.

Wininger, Josef: »Die Bekleidung des Eismannes und die Anfänge der Weberei nördlich der Alpen.« In: Der Mann im Eis. Band 2. Wien, New York 1994.

Abbildungsnachweis Textteil

S. 65 © Sara Welponer, Bozen, Italien

S. 78 Aus: Johannes-Wolfgang Neugebauer: Österreichs Urzeit. Bärenjäger – Bauern – Bergleute. Wien 1990. S. 141. © Dr. Johannes-Wolfgang Neugebauer, Klosterneuburg, Österreich

S. 83, 161 Aus: Raimo Lunz: Vor- und Frühgeschichte Südtirols mit Ausblick auf die alpinen Nachbargebiete. Band 1. Steinzeit. Bruneck 1986. T. 59. © Raimo Lunz, Bruneck, Italien

S. 108/109 Nach Ferdinand Keller, 1854

S. 112/113, 119, 120 Aus: Helmut Schlichtherle, Barbara Wahlster: Archäologie in Seen und Mooren. Stuttgart 1986. S. 57, 48, 52, 93. © Landesdenkmalamt Baden-Württemberg

S. 141 Aus: Die ersten Bauern. Band 1. Katalog Pfahlbauland. Zürich 1990. S. 322. Abb. 28. © Schweizerisches Landesmuseum, Zürich, Schweiz

S. 152 Nach G. Kyrle, 1918

S. 163, 164 © Angelika Wegener-Hüssen, Ingolstadt

S. 165, 166, 167, 172 unten, 173 Aus: Jürg Rageth: »Der Lago di Ledro im Trentino«, in: Berichte der Römisch-Germanischen Kommission 55, 1974. T. 27, 3, 4, 7; T. 96, 2; T. 108, 1–6; T. 90,7; T. 90,1; T. 91,8. © Römisch-Germanische Kommission des Deutschen Archäologischen Instituts, Frankfurt am Main

S. 169, 170/171 © Doris Künster, Hamburg

Abbildungsnachweis Bildteil

Donau

Attarsee
Mondsee Wolfgangsee
Hallstatt
Bischofshofen
Salzburg Hallein
Salzach
München
Starnberger See
Kufstein
Bruneck
Siehe Ausschnittskarte
Seite 221
Innsbruck Patsch Brixen
Meran Bozen
Similaun Trient Romagnano-Loc
Tisens
Federsee
Verona
Capo di Ponte
Lago di Ledro
Gardasee
Chur
Bodensee Comer Brescia
Bodman Arbon See
Thayngen Rorschach Luganer Varese
See
Pfäffikersee
Zürichsee Lago
Rhein Vierwaldstätter Maggiore
See
Aare
Sempacher
See
Twann Nidau
Bieler See Sion Zermatt
Aare Aosta
Murtensee
Neuenburger
See
Genfer See

→ Z

100 km

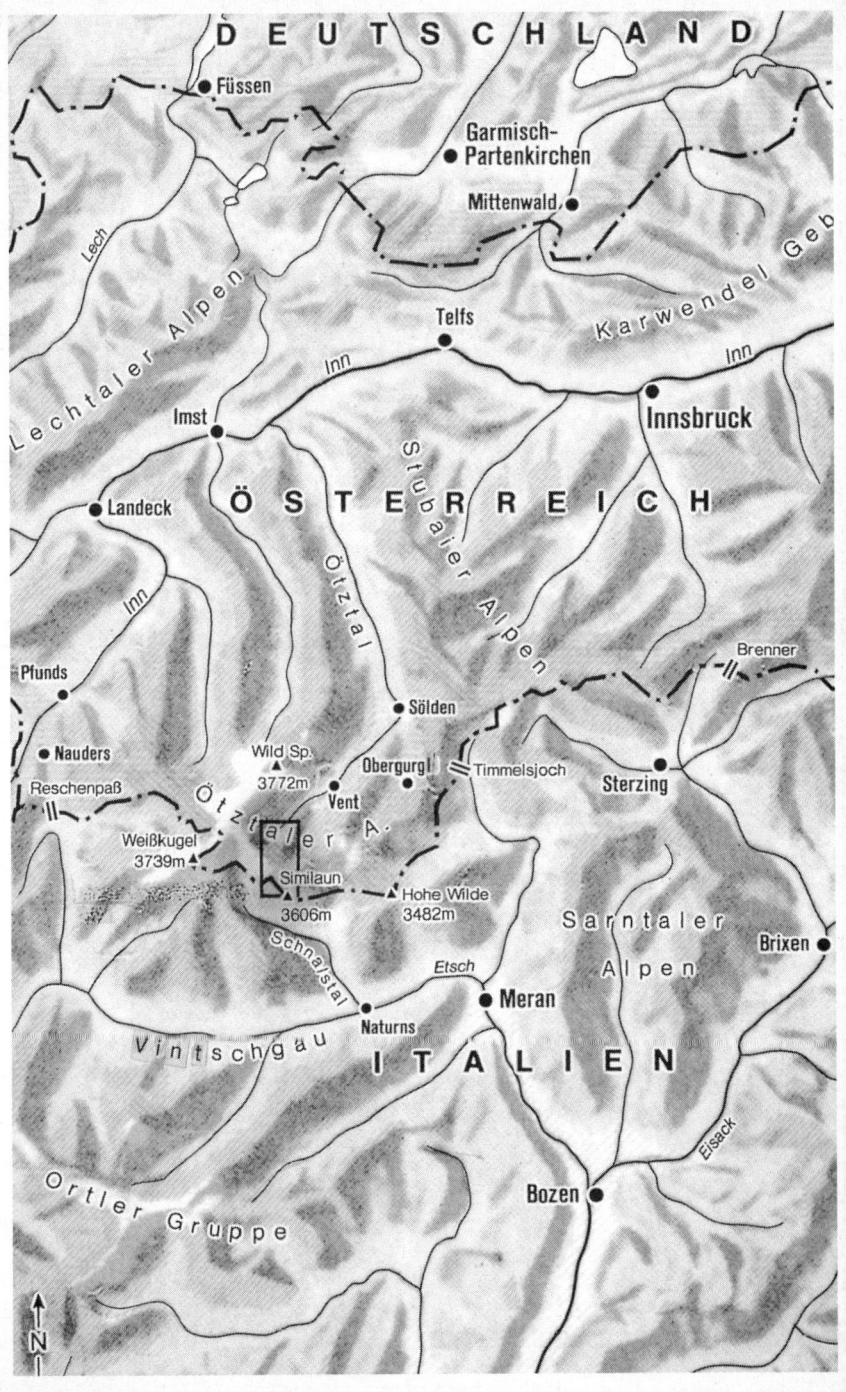

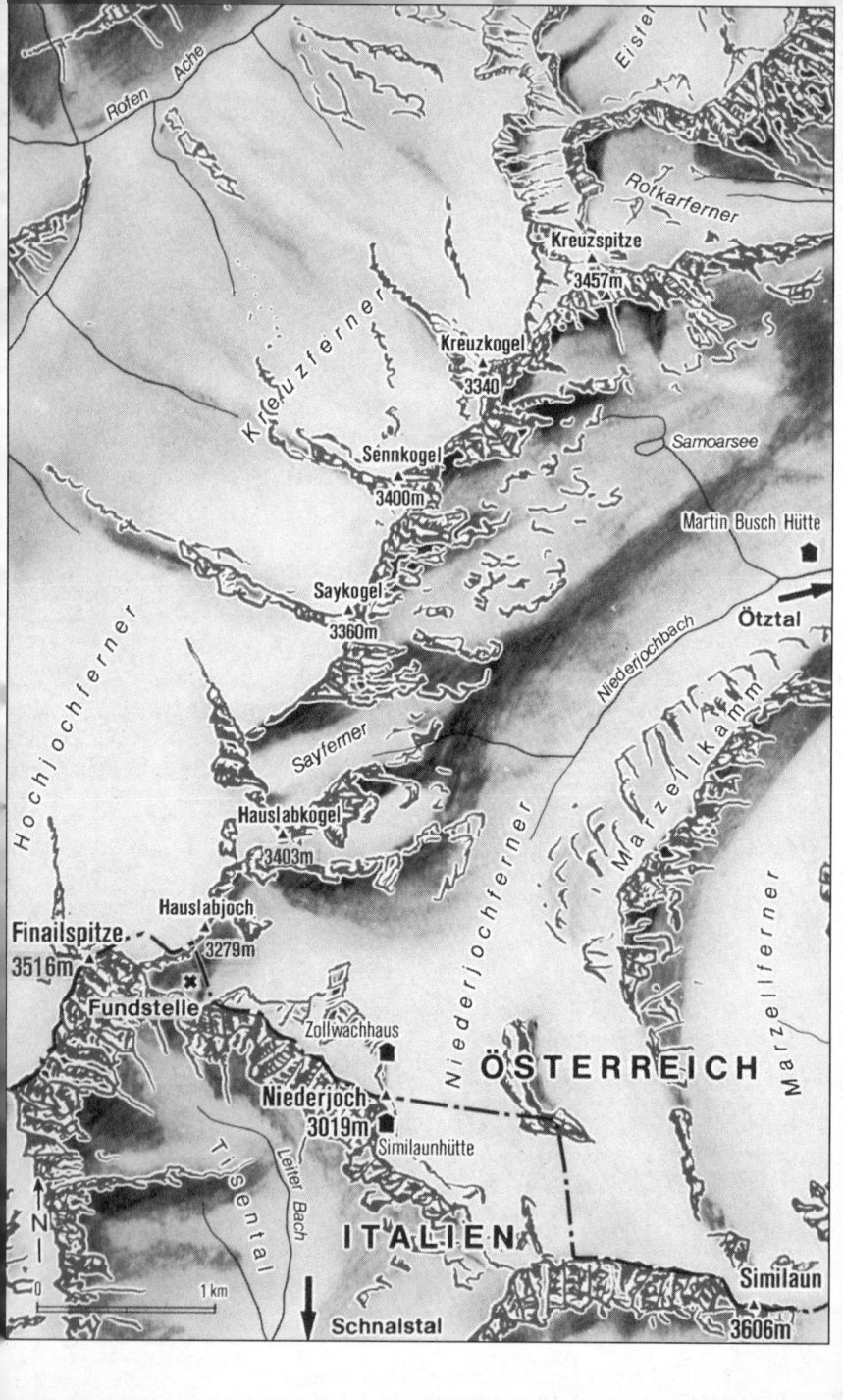

Jon Krakauer

In die Wildnis

Allein nach Alaska. Aus dem Amerikanischen von Stephan Steeger. 302 Seiten. SP 2708

Eine kleine Pistole und ein Fünf-Kilo-Sack Reis – das war die einzige Ausstattung des jungen Chris McCandless, mit der er sich in die Wildnis Alaskas begab. Seine gesamten Ersparnisse von fünfundzwanzigtausend Dollar hatte er gespendet und das restliche Bargeld verbrannt – er wollte ein neues, ganz anderes Leben beginnen. Vier Monate später wurde seine Leiche in der Wildnis von Alaska von einem Elchjäger gefunden. Jon Krakauer, für seine spektakulären Reportagen bereits mehrfach preisgekrönt, hat die abenteuerliche Wanderung des Chris McCandless anhand von Tagebucheintragungen, Postkarten und Interviews rekonstruiert. War Chris ein hoffnungsloser Romantiker oder einfach nur ein Spinner? Oder wurde er von einer Sehnsucht getrieben, die nur zu typisch ist für unser zu Ende gehendes Jahrhundert?

In eisige Höhen

Das Drama am Mount Everest. Aus dem Amerikanischen von Stephan Steeger. 380 Seiten mit 33 Schwarzweißfotos. SP 2970

Im März 1996 beauftragte die amerikanische Zeitschrift »Outside« den Reporter Jon Krakauer mit einem Bericht über die Kommerzialisierung des Bergsteigens am Mount Everest. Selbst der Faszination des Berges erlegen, schließt er sich einem Team unter Führung eines erfahrenen neuseeländischen Bergsteigers an. Am 10. Mai 1996 steht er dann tatsächlich auf dem Gipfel, am Ende seiner Kräfte. Der gefährliche Abstieg folgt, zwanzig andere Bergsteiger drängen weiterhin verbissen zum höchsten Punkt. Keiner hat registriert, daß ein Schneesturm aufzieht, vor dem sich Krakauer gerade noch in sein Zelt retten kann. Es kommt zur bisher größten Katastrophe am höchsten Berg der Welt: Neun Bergsteiger aus vier Expeditionen sterben, und vor Ende des Monats werden weitere drei Bergsteiger den Tod finden.

Reinhold Messner

Antarktis
Himmel und Hölle zugleich.
397 Seiten mit zahlreichen farbigen
und Scharzweiß-Abbildungen.
SP 1711

2800 Kilometer Fußmarsch in
92 Tagen, Temperaturen bis zu
minus 40 Grad, Blizzards mit
Geschwindigkeiten bis zu 150
Stundenkilometern. Was
Ernest Shackleton die »letzt-
mögliche Landreise auf dieser
Erde« genannt hat, haben
Arved Fuchs und Reinhold
Messner in die Tat umgesetzt:
die Durchquerung der Antarktis. Reinhold Messner hat damit das Abenteuer schlechthin
gesucht – und bestanden.

»Ein kühnes Konzept, den Süd-
pol und darüber hinaus die andere Seite der Antarktis auf die
härteste denkbare Tour zu erreichen.«
Der Spiegel

Die Freiheit, aufzubrechen, wohin ich will
Ein Bergsteigerleben. 396 Seiten
mit farbigen und Scharzweiß-
Abbildungen. SP 1362

Vom Südtiroler Dorfbuben
zum berühmtesten Bergsteiger
aller Zeiten: der Bericht eines
ungewöhnlichen Lebens, der
nicht nur von der Ersterstei-
gung des Mount Everest ohne
künstlichen Sauerstoff erzählt,
sondern auch von den Nieder-
lagen, Krisen und Selbstzwei-
feln handelt.

13 Spiegel meiner Seele
320 Seiten mit 56 Farbfotos
und 14 Karten. SP 2646

Mit diesem Buch zeigt uns
Reinhold Messner die andere
Seite seines Wesens, jene Seite,
die bisher allzu oft hinter den
Sensationen seiner Abenteuer
verborgen blieb: seine selbst-
verordnete Einsamkeit, seine
Flucht in die Arbeit und in die
Tröstlichkeit von Wüstensand,
Eis und Schnee. In keinem seiner Bücher hat Messner einen
so tiefen Blick in sein Innerstes
tun lassen wie in diesen dreizehn Geschichten, die seine
Seele spiegeln.